KB110174

마음을 강하게 하는
이백열세 가지 이야기

마음을 강하게 하는 이백열세 가지 이야기

발행일   2022년 03월 11일

지은이   노유복
펴낸이   손형국
펴낸곳   (주)북랩
편집인   선일영   **편집**   정두철, 배진용, 김현아, 박준, 장하영
디자인   이현수, 김민하, 허지혜, 안유경, 최성경   **제작**   박기성, 황동현, 구성우, 권태련
마케팅   김회란, 박진관
출판등록   2004. 12. 1(제2012-000051호)
주소   서울특별시 금천구 가산디지털 1로 168, 우림라이온스밸리 B동 B113~114호, C동 B101호
홈페이지   www.book.co.kr
전화번호   (02)2026-5777   **팩스**   (02)2026-5747

ISBN   979-11-6836-221-5 03190 (종이책)   979-11-6836-222-2 05190 (전자책)

잘못된 책은 구입한 곳에서 교환해드립니다.
이 책은 저작권법에 따라 보호받는 저작물이므로 무단 전재와 복제를 금합니다.

(주)북랩 성공출판의 파트너

북랩 홈페이지와 패밀리 사이트에서 다양한 출판 솔루션을 만나 보세요!

홈페이지 book.co.kr   •   **블로그** blog.naver.com/essaybook   •   **출판문의** book@book.co.kr

작가 연락처 문의 ▸ ask.book.co.kr

작가 연락처는 개인정보이므로 북랩에서 알려드릴 수 없습니다.

삶의 지혜, 꿈과 비전, 적극적 사고의 샘

마음을 강하게 하는
이백열세 가지 이야기

노유복 지음

북랩 book Lab

　필자는 철새 도래지인 전남 무안군 청룡리에서 출생하던 그해에, 6.25가 일어나 공산당들에게 부친을 잃고 유복자로 태어났다. 그리하여 남편을 잃고 서른에 청상과부가 되신 홀어머니와 슬하에서 자라야 했다.

　그러나 출생하여 부친의 사진 한 장 보지 못한 채 홀어머니의 돌봄조차도 받지 못하는 환경이 있어서, 유년기에는 홀로 되신 칠순의 큰 이모님에게 돌봄을 받아야 했다.

　이런 시련과 인내의 삶을 통하여 필자는 "여호와께서는 고아의 아버지시요 과부의 재판장이시라." 하는 사실을 깨닫게 되었다.

　그 후 하나님께서 필자를 주님의 종으로 부르셨고, 필자에게 문필의 재능을 주사 전도 관련 저서들을 저술토록 섭리하셨다. 그 목적은 어둠 속에서 참 빛을 찾지 못하고 헤매는 자들에게 생명의 복음을 전하는 것이다.

　이러한 배경 속에서 만들어진 본서의 목적도 동일하다.

이 책의 특징은 다음과 같다.

① 본서의 이야기는 모래밭에서 골라낸 사금(砂金)같이 엄선된 것들이다.

② 본서의 이야기는 핵심 내용이 간결하나, 그 의미는 넓게 열려 있다.

③ 본서의 이야기는 광범하고 다양하다. 세계의 역사적 인물들의 삶부터 신, 우주, 과학, 자연, 인생관 등에 관한 이야기가 담겨 있다.

그러므로 본서는 인생살이에 지친 이들에게는 소망과 칠전팔기의 용기를 갖게 하고, 타인을 가르치는 인도자들에게는 메시지를 전달하는 자신감과 기쁨을 얻게 하며, 다양한 삶의 터전에서 성공을 꿈꾸는 이들에게는 자신이 바라는 일에 전력투구하게 할 것이다.

목차

머리말   04

PART 1

가치   14
체스터 칼슨 / 사인 값 / 가장 위대한 동물 / 아주 비싼 동물들

감사   18
엄마의 보물 / 배설도 감사 / 최후의 한 마디 / 랍비 아키바 / 3개월 시한부 인생 / 한없
는 은혜 / 황소와 무 / 땅콩 한 봉지 / 감사 기도의 날

거듭남   27
조지 W. 부시

게으름   29
게으른 농부

격려   30
월트 디즈니 / 앙리코 카루소 / 골키퍼 김병지 / 주홍글씨 / 레오나르도 다 빈치 / 부반
장의 노래 / 연타석 홈런 / 안데르센 / 격려 팻말 / 화가 세잔느 / 플로렌스 그리피스 조
이너 / 격려의 편지들

겸손   42
알버트 아인슈타인 / 알베르트 슈바이처 / 조지 워싱턴 / 양치기 출신 왕 / 청소부 학
장님 / 민족운동가 조만식

고난   48
로즈 향수 / 천로역정 / 워치만 니 / 프랑크 벤더 마틴 / 히야신스 / 인간 기관차 / 청어
살리기 / 돈키호테 / 카네기 / 아우슈비츠의 생존자 / 고난의 위인들 / 머리 부딪힘으로

고정관념   59
벼룩의 높이 뛰기 / 메기의 고정관념

고향   61
산천은 같으나

공력   63
스타인웨이 피아노 / 스트라디바리우스 / 다윗상 / 화가 지망생

과실   67
이발사의 실수

과학   68
첨단과학 시대

교만   69
다섯 손가락 / 나귀와 군마 / 황제와 대위

교회의 가치   74
중국 교회 / 러시아 교회

꿈   77
존 하버드 / 존 에프 케네디 / 죠지 윌리엄스

끈기   80
마라토너 이봉주 / 산악인 고상돈 / 마라토너 황영조 / 웅변가 하보트 / 정주영

근본 원인   85
수도꼭지 진단법

긍정적인 사고   87
생각의 씨앗

기다림   89
모소 / 밀물 때가 오리라

기도   91

오바마의 간증 / 아이티 지진 속 생존자 / 천안함의 신은총 하사 / 아폴로 13호의 귀환 / 기도의 위인들 / 초대 국회 / 승리의 힘 / 갈매기 떼 / 존 브렌츠 / 치즈왕 크래프트 / 소를 파신 하나님 / 김인찬의 소원 / 보초의 투구 / 모니카 / 도널드 웨버 / 죠지 뮬러 / 3초의 기도 / 존 뉴턴 / 버다 스미스 / 기도하는 두 손 / 앞마당의 희귀버섯 / 흙더미 속에서 / 기관사 칸트 / 최후의 보루 / 동굴과 거미줄 / 비행사 파제 / 크리스티 윌슨 / UN의 철제 투표함

기독교 교육   123

세계적인 인물들 / 웨슬레의 어머니

기쁨   126

웃음치료 / 세미 함프 / 최고의 양약(良藥)

기적   129

로마의 외눈 병사 / 선교사 포펜

길   131

길 잃은 사냥꾼 / 옥수수밭의 미로 / 사형수와 대통령 / 대서양으로, 태평양으로

PART 2

낙심   136

더 리빙 바이블 / 허드슨 테일러

내일   138

야명조(夜鳴鳥) / 내일이면 늦어요

내조   140

돌보는 사랑 / 아내의 비밀 통장 / 앤드류 엘리자

노력   144

성령님은 100점, 학생은 0점 / 세계의 명작들

누명   146

하천풍언

PART 3

대신문화(代身文化)   148
태동(笞童)

독립운동   150
유관순

돈   152
뱃속에 감춘 마약 / 의사 키드니 / 몰락한 재벌들 / 횡재 / 미야우찌

두려움   156
나폴레옹 / 데카르트

두 얼굴   158
마하라자 / 반디넬리

PART 4

마음   162
데일 카네기 / 홀만 헌트 / 수도사 부루노 / 마음의 평강 / 차를 든 네 병사 / 바위에 박
힌 화살

만왕의 왕   168
카뉴트 왕

만용   169
뱀 사육사

말   170
조엘 오스틴 / 전과자의 아내 / 말의 각인력 / 무하마드 알리 / 광부 서종엽 / 가룟유다
나무 / 식물인간 / 기도와 식물 / 고추 잘라 버려라 / 사형수의 최후진술 / 말의 위력

맹신   180
주여 믿습니다

모래 터전   181
무너진 삼풍

모성애   183
어미 새의 사랑 / 까마귀

목숨   185
15분

목적   187
올꾼

무신론   189
뉴 웰리스 / 무신론 대회 / 체스터 베델 / 어리석은 자 / 볼테르 / 클레런스 대로우 / 태양을 똑바로 보라 / 5분 안에 죽이라 / 우주 비행사 유리 가가린

미신   202
동양인의 신 / 빗나간 점괘 / 돼지머리 고사 / 부적

믿음   206
쟌 월턴

PART 5

바라봄   210
큰 바위 얼굴

박해   212
사도 요한 / 카타콤의 성도들

발명   215
벤저민 프랭클린 / 말코니의 무선전신 / 아이작 메리트 싱거

방탕   220
에이즈(AIDS) 환자

배은(背恩)   221
래리 에르진 / 중국인 행상 / 옛날을 기억하라

범죄   225
흉악범 코민 / 인육(人肉)

보물   228
보석의 종류 / 금(金) / 파스칼 / 사해사본 / 초대교회의 보물

복의 근원   235
멧돼지 인생

복수   236
사면장

복음   238
복음의 역사성 / 라이언 화이트 / 개망나니 김익두 / 식인종의 변화 / 우리가 이겼다 /
호세 카레라스 / 회심 / 기독교 국가들 / 전쟁터의 어린 소녀 / 조지 윌슨 / 평양 깡패 이
기풍

부지런함   252
아름다운 손

부활   254
3천 년 된 씨앗 / 달리다굼 / 무덤을 남긴 사람들 / 부활하신 예수 / 시쳇더미 속에서 /
평안한 임종의 비결 / 매몰된 광부 164명 / 진과 체이니 부부 / 광기 우울증

뿌리   263
큰 포도송이

북한   264
황해도 사건 / 북한 동포

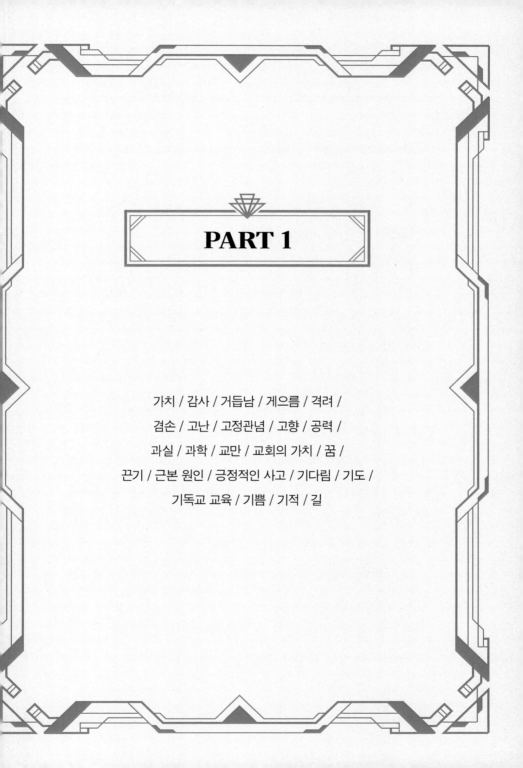

PART 1

가치 / 감사 / 거듭남 / 게으름 / 격려 /

겸손 / 고난 / 고정관념 / 고향 / 공력 /

과실 / 과학 / 교만 / 교회의 가치 / 꿈 /

끈기 / 근본 원인 / 긍정적인 사고 / 기다림 / 기도 /

기독교 교육 / 기쁨 / 기적 / 길

가치

1. 《체스터 칼슨(Chester Carlson)》

1940년에 발명가 체스터 칼슨이라고 하는 사람이 자기 나름대로 좋은 물건을 하나 연구해서 이 아이디어를 가지고 큰 회사, 작은 회사를 할 것 없이 20개 회사에 다니면서 부탁을 해 보았다.

7년 동안 이 회사 저 회사에 다니면서 "이 제품이 좋은 겁니다.", "이 아이디어가 좋은 겁니다.", "이거 만들면 됩니다." 말했지만, 아무리 얘기해도 7년 동안 아무도 들어 주지 않았다.

그러던 중에 '할로이드사(社)'라고 하는 조그마한 회사 사장님한테 가서 얘기하게 되었다. "내가 7년 동안 이것을 가지고 다니고 있습니다."라고 했더니, 그 회사 사장이 7년이라는 말에 감동해서 "어디 한 번 봅시다" 하고 관심을 가졌다.

그로 인하여 물건을 만들게 되었고, 두 사람이 다 돈방석에 앉게 되었다. 그게 바로 전기 복사기다.

사람들은 다른 사람이나 혹은 그가 노력한 업적에 대하여 그 가치를 인정하지 않는 경향이 있지만, 그 진가를 볼 줄 아는 사람만이 성공할 수 있다.

2. 《사인 값》

홉킨스는 미국의 루즈벨트 대통령의 특별 보좌관이었는데, 그는 1945년의 얄타 회담(Yalta Conference)에 참석했던 사람이다. 얄타 회담에는 당시 세계의 지도자들인 처칠, 스탈린, 루즈벨트가 함께 모여서 회의를 했다.

홉킨스는 자기 아들에게 기념으로 주기 위하여 소련의 화폐인 1루블 짜리 지폐에다 세 지도자의 사인을 모두 받았다. 그 당시 1루블은 미국 돈으로 약 10달러의 가치였다. 그런데 1981년에 이 1루블 짜리 액면의 지폐가 미네소타주에 있는 어떤 사람에 의하여 5천 달러에 팔렸다. 그것은 미국 돈으로 불과 10달러의 가치밖에 없는 돈이었으나, 세계의 지도자 세 사람의 사인이 들어 있었기 때문에 그 가치가 무려 500배 이상이 된 것이다.

3. 《가장 위대한 동물》

태평양 한가운데 하와이주 수도인 호놀룰루 와이키키 해변에 해

양 동물원이 있다. 전부 구경하려면 2시간 정도 소요되는 동물원으로 거기에는 세계 각지에서 온 아주 사나운 맹수들이 많이 있다. 그곳을 한 바퀴 돌고 마지막 막사를 나오면 이상한 팻말 하나가 쓰여 있다고 한다. 가까이 가서 보면 다음과 같은 내용이 쓰여 있다고 한다.

'The greatest animal in the world(세계에서 가장 위대한 동물)'.
세상에서 가장 위대한 동물을 찾아 두리번거리는 사람 앞에 한 장의 대형 거울이 나타나게 되고 그 거울을 통해 자신의 모습을 보게 된다고 한다. 그것은 세상에서 가장 강하고 위대한 동물은 바로 인간 '자신'이라는 뜻이다.

인간의 지혜는 다른 동물과 비교할 수 없다. 소보다 힘이 없지만, 소와는 비교할 수 없는 기중기를 만들어 무거운 것을 쉽게 옮길 수 있고, 타조보다 빠르지 못하지만 자동차를 만들어 더욱더 빠르게 달릴 수 있고, 물고기보다 헤엄을 못 치지만 배를 만들어 더 빨리 갈 수 있고, 새처럼 날지 못하지만 비행기를 만들어 더 높이 더 멀리 날 수 있다. 다른 짐승들보다 목소리가 크지 않지만, 전화기를 만들어 아무리 멀리 있는 사람이라도 대화할 수 있고, 독수리처럼 눈이 밝지 못하지만, 세포를 볼 수 있고, 우주의 별을 살필 수 있는 망원경을 발명해서 사용한다.

인간의 육체는 하찮은 동물과 진배없으나, 신의 형상대로 창조된 영혼을 소유한 귀한 존재임을 깨닫고 무한한 잠재 능력을 개발

마음을 강하게 하는 이백열세 가지 이야기

한다면 그 가치가 놀랍게 달라질 것이다.

4. 《아주 비싼 동물들》

훈련을 잘 받은 개는 며칠을 굶긴 다음에 맛있는 쇠고기 덩어리를 던져줘도 주인이 먹으라는 허락이 떨어지지 않으면 먹지 않는다고 한다. 이런 개는 아주 비싸다. 중동 지역에서 아주 비싼 말은 우리 돈으로 수십억 원도 넘는다고 한다. 그 말은 며칠씩 물 한 방울 안 마시고, 사막길을 달려온 뒤에 물가에 갖다 놔도 물을 안 마시고, 주인의 허락이 떨어지기를 기다린다는 것이다. 자기 멋대로 행동하는 말은 겨우 고깃값 밖에 안 나가지만 자기의 욕망과 감정을 절제하는 길들여진 말은 수십억 원도 더 된다는 것이다. 하물며 만물의 영장동물(靈長動物)인 사람도 본능과 이기심을 다스리는 사람은 그 가치가 달라질 것이다.

5. 《엄마의 보물》

　미국에서 9.11 테러가 있었을 때다. 딸아이가 보석 주머니를 가지고 보석 배달을 하러 갔는데 빌딩이 폭파되는 바람에 흔적을 찾을 수 없었다. 그의 엄마는 빌딩 앞에 무릎을 꿇고 오열을 하며 딸의 이름을 불렀다. 그때 딸아이가 피투성이가 되어 그 앞에 서서 "엄마! 엄마!" 부르고 있었다. 딸을 와락 끌어안을 때 딸이 "엄마, 미안해. 보석을 다 잃어버렸어."라고 했다. 엄마는 "아니다. 딸아! 너는 내 앞에 살아 있다는 사실 하나만으로 엄마에게 가장 큰 보물이다."라고 감사했다고 한다. 우리는 지금 내가 살아 있고 내 주변에 소중한 사람들이 살아 있다는 사실 하나만으로도 내 인생에 최고의 선물을 받고 살아간다는 사실을 알고 감사하자.

6.《배설도 감사》

연세의료원 원목실에서 일하던 김복남 전도사의 신앙 간증이다.

팔이 절단된 환자들이 "내 아들의 머리를 한 번만 쓰다듬어 보았으면… 내 아내를 한 번만 안아 볼 수 있다면… 참 행복하겠다."라고 하며, "다시 손이 생긴다면 절대로 빨래를 세탁기에 하지 않고 손빨래를 할 거예요. 다시금 팔이 주어지면 집안일이 아무리 많아도 불평하지 않고 감사할 거예요." 하더란다.

그러나 그들을 보면서 "그 정도는 감사해야지요." 하는 분들이 계신다고 한다. 그분들은 바로 척수 장애인들인데 이들은 팔, 다리 없는 분들을 나일론환자라 부르며 무척 부러워한다는 것이다. 이들은 소변이 마려운지, 대변이 마려운지 느낌조차 없는 것이다. 그래서 의사가 하루에 4~6번씩 방광 훈련 치료를 하는데, 30분 이상 주먹으로 방광을 두들겨 자극해서 소변을 내보내야 한다는 것이다. 팔이 시리고 얼얼해서 파스를 부치고 하는데, 이들의 고통은 말로 다 하지 못한다. 그래서 마실 것을 권해도 소변 빼내기가 힘들어 사양한다는 것이다.

그런데 김 전도사는 그런 힘든 분들을 보면서 자기는 목마르면 마시고, 화장실에 가고 싶으면 가서 자연스럽게 시원하게 일을 볼 수 있으니 얼마나 감사한지, 밥을 먹고 마실 때만 감사 기도하는 것이 아니라, 화장실에 가서도 꼭 감사의 기도를 한다는 것이다.

7. 《최후의 한 마디》

　독일에서 한 중년의 성도가 대학병원의 수술실에서 혀의 암 때문에 혀를 절단하는 수술을 받게 되었다. 마취 주사를 손에 든 의사가 잠시 머뭇거리며 "마지막 남길 말씀은 없습니까?"라고 물었다.

　글로 쓸 수는 있겠지만, 혀를 사용하는 언어는 이것이 최후다. 간호사, 조수, 견습 의사들까지 그를 둘러서고 있는 사람들의 표정과 분위기는 심각했다. 잠시 침묵과 긴장의 시간이 흐르고 있었다. 저마다 '만일 나라면, 만일 내가 한 마디만 남아 있다면 누구의 이름을 부를 것인가?' 생각해 본다. 드디어 환자의 입이 움직였고 그는 두 줄기 눈물을 흘리며 "주 예수여, 감사합니다", "주 예수여, 감사합니다", "주 예수여, 감사합니다"라고 세 번 되풀이 했다.

8. 《랍비 아키바(Akiva)》

　유대 땅에 랍비 아키바라는 성자가 있었다. 그는 너무나도 심한 박해를 견디지 못해 조국을 탈출하여 머나먼 황야에 나와 유리하게 되었다. 그가 가진 것이라고는 새벽을 깨우는 닭 한 마리와 자신을 태우고 다닐 나귀 한 마리, 그리고 성경과 등 하나가 전부였다. 어느 날 유리하다가 숲에 자리를 깔고 누웠다. 한참 밤이 깊었

마음을 강하게 하는 이백열세 가지 이야기

는데 갑자기 거센 바람이 불어 닥치더니 등불을 꺼뜨리고 말았다.

그는 "그러면 잠이나 자자" 하고 자리에 누웠다. 그런데 한참 후에는 늑대가 와서 새벽을 깨우는 닭을 물고 가버렸다. 그리고 그다음에는 사자가 나타나 나귀를 낚아채 가 버렸다.

아침을 맞이하며 아키바는 "하나님 감사합니다. 저 악한 짐승들이 이 몸을 헤치지 않았으니 너무나도 감사합니다. 이 종의 갈 길을 하나님께서 친히 인도하여 주옵소서."라고 감사의 기도를 드렸다.

그리고 혼자서 힘없이 걸어 산을 내려오는데 작은 마을이 하나 나타났다. 그런데 마을이 온통 쑥밭이 되어 있었다. 지난밤에 산적들이 나타나 마을 사람들을 모조리 학살하고 모든 소유를 약탈해 간 것이다. 아키바는 그제야 지난밤에 자신에게 일어났던 모든 일을 구체적으로 상기시킬 수 있었다. 만약에 산의 숲속에서 불빛이 있었다면 산적들에게 들켰을 것이고, 닭이 울었더라면 더욱이 위험하였을 것이며, 나귀가 있었다면 틀림없이 사람이 있는 줄 알고 끝까지 자신을 추적하여 죽였을 것이다. 그러나 하나님의 섭리는 너무나도 오묘하여 그 모든 일을 미리 준비하셔서 하나님의 종 아키바를 보호하셨던 것이다.

9. 《3개월 시한부 인생》

미국에 워너 솔맨(Warner Sallman)이라는 화가가 있었다. 결혼하고 얼마 되지 않아 중병에 걸렸다. 의사가 말하기를 "당신은 임파선 결핵으로 앞으로 3개월밖에 살지 못한다."라고 하였다. 이것은 사형선고였다. 그의 아내는 유명한 가수였으며 또한 임신 중이었다. 솔맨은 아내와 앞으로 태어날 아이에게 미안하였다. 그가 몹시도 괴로워하고 있을 때였다. 그의 아내가 위로하기를, "앞으로 3개월밖에 못산다고 생각하지 말고, 하나님께서 나에게 3개월을 허락하여 주셨으니 감사하게 생각하며 살라."라고 권하였다. 천금같이 귀하고 아까운 시간이었기에 열심히 감사하면서 살았다. 솔맨은 그림을 그렸고, 아내는 노래를 불렀다. 그런데 3개월 후에 죽을 것이라던 그는 죽지 않았다. 기적이 일어난 것이다. 더구나 그가 그린 그림은 유명한 그림이 되었다. 예수님의 얼굴이었는데, 고민도 자비하심도 아닌 강인하시고 지도력이 있으신 주님의 모습으로 그렸고, 그림은 수백만 장이 팔렸다.

우리는 없는 것을 원망하지 말고 현재 나에게 주신 것을 감사할 때에 더 큰 은혜를 받을 수 있다.

10. 《한없는 은혜》

어떤 젊은 부부가 고향을 떠나 먼 곳에 가서 사업에 착수하였으나 계속 뜻하지 않은 재난이 엄습하였다. 사업은 생각대로 되지 않고 설상가상 남편은 두 눈까지 못쓰게 되었다. 그런데도 남편은 하나님을 믿고 모든 일의 밝은 면만 보기에 힘썼다.

그래서 남편은 아내를 불러 "암만해도 우리 둘이 하나님께 받은 은혜가 너무 많은 것 같으니 감사할 것을 하나씩 적어 봅시다."라고 하며 생각나는 대로 적기 시작했다.

생명을 주신 것, 지혜와 판단과 건강을 주신 것, 햇빛을 주시고 비를 주시고 먹을 것을 주신 것, 죄 사함을 받고 구원을 주신 것, 성경을 볼 줄 알고 기도할 수 있게 하신 것, 기쁨과 사랑과 화평으로 남을 위해 봉사할 수 있게 하신 것, 이 세상과 다음 세상에 대한 희망을 주신 것 등을 적었다. 생각하면 할수록 한없는 은혜를 주신 하나님께 감사하여 부부는 한 번 더 마음을 가다듬고 분투하여 훌륭한 신자로 일생을 보냈다고 한다.

11. 《황소와 무》

어느 마음 착한 농부가 농사를 짓다가 특출나게 좋은 무가 생산

되서 그것을 원님에게 보냈다. "모든 것이 원님의 선정 덕분입니다." 하면서 원님에게 바치니 원님은 너무나 기특한 생각이 들어 무언가 보상을 하고자 했다. 그래서 요즘에 들어온 것 가운데 뭐 좋은 것이 없는가 하고 아랫사람들에게 물으니 큰 황소 한 마리가 있다고 했다. 원님은 그 황소를 농부에게 주라고 했다.

농부가 무 하나로 큰 횡재를 했다는 소식을 들은 심술쟁이 농부가 있었다. 그가 생각하기를, 무 하나가 황소 한 마리면 자기는 황소를 바쳐 땅이라도 몇 마지기 타낼 욕심으로 황소를 몰고 갔다. "원님 저는 수십년 간 황소를 길러왔습니다만 이렇게 크고 좋은 황소는 처음 봅니다." 하였다. 원님은 농부에게 고맙다고 한 후, 아랫사람들에게 요즘 들어온 물건 중에 좋은 것을 물으니 무가 있다고 했다. 원님은 그 무를 주라고 했다.

12.《땅콩 한 봉지》

미국의 헨리 포드(Henry Ford)가 자동차로 유명해지고 돈을 많이 벌며 한창 유명해졌을 때 있었던 일이다. 누구나 '돈을 많이 벌었다' 하는 소문이 나면 여기저기서 도와 달라는 사람들이 쇄도한다. 헨리 포드는 그런 편지를 일일이 다 볼 수 없었을 것이다.

그런데 한 번은 시골 벽지에서 근무하는 한 여선생님에게 학교에 피아노 하나가 꼭 필요하다고 하면서 피아노 한 대 값 일천 불을 보내 달라는 간절한 편지를 받았다.

이에 회사는 회사 규정에 따라 헨리 포드의 이름으로 10센트를 보냈다고 한다. 그 당시 화폐 가치로 10센트가 얼마나 되는지 잘 모르지만, 그 여선생님은 비록 자기가 요청한 일천 불은 아니었지만, 그 돈도 고맙게 생각하고, 그 돈을 가지고 땅콩 씨를 사서 학생들과 함께 부지런히 농사했다.

이 여선생님이 그해 땅콩을 수확하고 그 땅콩 한 봉지를 소포로 보내면서 감사의 편지를 썼다. 이 편지를 받아 읽은 포드는 감동을 하여 이 학교에 일천 불이 아닌 일만 불을 보냈다.

적은 것도 감사하게 생각하고 그것으로 꿈을 성취하기 위해 노력하는 모습이 포드에게 감동이 되었던 것이다.

13. 《감사 기도의 날》

1874년부터 3년에 걸쳐 미네소타주에는 비가 내리지 않은 미국 역사상 최악의 가뭄이 있었다. 엎친 데 덮친 격으로 하늘을 새까맣게 뒤덮은 메뚜기 떼는 농작물을 남김없이 먹어 치웠다. 3년 동안 계속되는 흉작으로 미국은 경제공황에 빠지게 되었다.

1877년 4월 27일 미네소타주의 주지사인 필스베리는 절망과 좌절에 빠져있는 모든 주민에게 '감사 기도의 날'을 선포했다. 감사할 수 없는 상황에서 감사하자고 감사 기도의 날을 선포한 것이다. 농작물은 전멸했으나 아직 사람은 살아있음을 하나님께 감사하자는 것이다.

이제까지는 흉작으로 절망에 빠졌지만, 내년부터는 하나님께서 풍작을 허락하실 것을 믿음으로 낙심치 말자고 했다. 미네소타 주민들은 모두 들로 나왔다. 갈라진 대지 위에 무릎을 꿇었다. 두 손을 모으고 하나님께 부르짖었다. 주민들의 기도가 하늘을 뒤덮었다. 하늘 보좌를 움직이는 기도였다. 그런데 바로 그날 참으로 믿을 수 없는 기적이 일어났다.

감사 기도를 드린 하루 동안에 3년 동안 들판을 뒤덮었던 메뚜기 떼가 갑자기 전멸한 것이다. 이유 없이 모두 죽었다.

거듭남

14. 《조지 W. 부시(George W. Bush)》

미합중국의 43대 대통령 조지 W. 부시는 우여곡절이 많은 인생을 살았다. 그의 아버지는 미국의 41대 대통령이었고, 그의 가문은 정치가 가문이었다. 그런데 5남매 중 장남인 부시는 늘 집안의 명성에 먹칠하는 사람이었다. 그는 공부도 못했고, 술과 파티, 그리고 연애로 젊은 날을 보냈다. 예일대를 나오기는 했지만, 그것도 아버지 빽으로 들어가서 간신히 졸업만 한 것이다. 20세에는 약혼을 했으나 행실에 문제가 있다는 이유로 파혼을 당했다. 베트남전에도 참전했다가 훈련 성적이 좋지 않아서 전쟁은 구경도 하지 못하고, 주 방위군에서만 근무했다. 31세에는 하원의원 선거에서 낙선하고, 석유 사업에서도 실패했다. 그는 알코올 중독자가 되었다.

그런데 40세 때, 빌리 그래함 목사를 만난 후 삶이 바뀌었다. 그는 목사님의 간곡한 권유와 기도로 비로소 40세에 회심하고 새사람으로 거듭나게 되었다. 성경에 나오는 '돌아온 탕자'처럼, 그는 먼저 술을 끊었다. 매일 아침 성경을 읽고 기도하면서 하루를 시작했다. 그리고 40세에 젊은 날의 방탕과 타락, 실패와 좌절에서 일어나서 회심하고 나서, 14년 만인 50세에 미국의 대통령이 되었다.

누가 이 사람의 운명을 바꾸어 놓았는가? 알코올 중독자이며 집안에서도 내놓은 버림받은 탕자가 어떻게 미국의 대통령이 되었는가? 바로 하나님께서 방탕과 도박, 알코올 중독, 헛된 생활에서 그를 새롭게 거듭나게 하셨다. 그래서 미국 역사상 두 번째로 부자(父子) 대통령이 나온 것이다.

게으름

15. 《게으른 농부》

옛날 어느 마을에 하루에 우유 한 통씩을 짜는 좋은 젖소를 가진 농부가 있었다. 게으른 이 농부는 날씨는 덥고 일하기는 싫으니까 나름대로 꾀를 냈다. 우유가 매일 한 통이 나오니까 매일 우유를 짜는 것보다 한 달에 한 번만 짜면 30통이 나올 것 아닌가 했다. 그래서 농부가 한 달 동안 놀고 한 달 만에 우유를 짰더니 한 통도 안 나오더라는 것이다. 게으른 자의 결과다.

격려

16. 《월트 디즈니(Walt Disney)》

월트 디즈니는 청년 시절 실패한 사람이었다. 1920년 그는 실패와 좌절의 뼈아픈 눈물을 흘리며 목사님에게 찾아갔다. 그는 출판사에 만화 원고를 들고 찾아가서 취직을 구하였지만 번번이 거절당하였다. 가망성이 없다는 것이다. 목사님은 그를 불쌍히 여겨 일자리를 찾을 때까지 교회 창고에서 지내게 했다. 목사님은 다른 사람은 버려도 하나님은 당신을 사랑하신다는 것을 잊지 말라고 격려해 주었다.

그는 허름한 창고에서 작업하였다. 창고에는 쥐가 많이 있었다. 어느 날 그의 머리에 창고의 쥐를 보고 무언가 새롭게 그려보고 싶은 생각이 들었다. 바로 이 그림이 세계적으로 사랑받는 미키마우스가 된 것이다. 미키 마우스라는 이 캐릭터 하나가 가난한 월트 디즈니를 꿈의 궁전의 황제로 만들었고 그가 '월트 디즈니'라는 영화사를 만들어 〈알라딘〉이라는 만화영화로 4억4천만 달러를 벌어들였다고 한다. 한마디로 '월트 디즈니사는 만화 가계가 아니라

마음을 강하게 하는 이백열세 가지 이야기

조폐공사다.'라고 할 만큼 성공하였다.

17. 《앙리코 카루소(Enrico Caruso)》

오래전 이탈리아 나폴리의 한 마을에 위대한 성악가를 꿈꾸는 소년이 있었다. 그는 혼자 열심히 노래를 연습하다가 드디어 오페라 가수 오디션을 치를 기회를 얻었다.

그는 정말 최선을 다해 노래했지만, 오디션에서 떨어지고 말았다. 오디션에 낙방한 이 청년은 심하게 좌절했다. 한 교사는 그에게 "너는 성악가로서 자질이 없어. 네 목소리는 마치 덧문에서 나는 바람 소리 같다."라고 혹평했다. 집에 돌아온 그는 다시는 노래를 부르지 않겠다고 결심했다.

그때 소년의 어머니는 실망하는 아들을 꼭 껴안으며 말했다.

"아들아, 너는 할 수 있어. 실망하지 말아라. 네가 성악 공부를 할 수 있도록 엄마는 어떤 희생도 아끼지 않겠다.", "아들아, 나는 네가 세상에서 가장 아름다운 목소리를 지녔다는 것을 안단다. 이 엄마는 네가 부르는 노래를 들을 때마다 얼마나 행복한지 모른단다. 엄마는 네가 꼭 유명한 오페라 가수가 되리라 믿는다."

소년은 어머니의 격려를 받으며 열심히 노래했다. 이 소년이 바로 세계에서 가장 훌륭한 성악가인 앙리코 카루소다.

18. 《골키퍼 김병지》

우리나라 축구선수로서 '신의 손'이라는 별명을 가진 선수가 골키퍼 김병지다. 그는 초등학교에 다닐 때는 심한 개구쟁이에 문제아였다고 한다. 밀양초등학교 윤관호 축구부 선생님은 김병지에게 골키퍼를 시키고 쓰러지고 넘어지는 그를 향해 "한국 최고의 골키퍼가 되어라."라며 항상 격려해 주었다고 한다. 행복한 사람의 배경에는 반드시 행복을 만들어 준 말이 있다. 성공한 사람의 배경에는 반드시 성공을 만들어준 말이 있다. 말은 보이지 않지만 무한한 힘을 가진 인생 최대의 자산이다.

19. 《주홍글씨》

1800년대 초 미국의 매사추세츠주 세관에서 공무원으로 일하던 30대의 한 사람이 무능하다는 이유로 직장에서 해고되었다. 집에 돌아온 그는 실직 사실을 아내에게 알리면서 자신은 인생의 실패자라고 말하며 낙심하게 되었다. 그때 지혜로운 아내는 낙심하고 있는 남편에게 "낙심하지 마세요. 지금이야말로 당신이 원하셨던 글 쓰는 일을 시작하셔야 할 때랍니다."라고 말했다.

그러자 낙심하고 있는 남편이 아내에게 "여보, 그러면 우리는 무얼 먹고 산단 말이오?"라고 말하자, 아내는 남편에게 "제가 일 년 정도의 생활비는 그동안 푼푼이 저축해 두었어요. 적어도 일 년은 걱정할 필요가 없습니다."라고 용기를 주자, 이 말을 들은 남편이 "내가 일 년 내에 훌륭한 작품을 쓸 수 있을까?"라고 주저했다. 아내는 "여보, 당신이 하나님을 신뢰하면 하나님이 도우실 것입니다." 라고 격려했다.

그리고 남편과 아내 두 사람은 함께 무릎을 꿇어 기도했다. 그해 얼마 있지 않아 그는 『두 번 들려준 이야기』라는 작품을 발표했다. 그리고 이어서 그는 10년간 열심히 작품을 쓴 결과, 미국이 낳은 가장 위대한 작품이라고 평가되는 세계적인 명작 『주홍글씨』를 발표하게 되었다. 이 사람은 바로 나다니엘 호손(Nathaniel Hawthorne) 이다.

20. 《레오나르도 다 빈치(Leonardo da Vinci)》

화가 레오나르도 다 빈치도 할머니의 긍정적인 예언에 의해 천재 적인 화가가 될 수 있었다. 고아라는 이유로 친구들에게 늘 따돌림 을 당하던 그에게 할머니는 "너는 무엇이든 할 수 있단다, 하나님 이 너를 지켜 주실 거야."라며 항상 격려해 주었다. 이 긍정적 격려 의 말은 후일 그가 패배감에 사로잡힐 때 제기할 힘을 주었고, 각

분야에서 탁월한 능력을 발휘할 수 있도록 도와주었다고 한다.

21. 《부반장의 노래》

어느 초등학교 4학년 교실에 담임 선생님이 결근해서 여선생님이 대신 수업을 맡았다. 여선생님은 자율학습 대신에 음악 시간을 진행하겠다는 말을 한 후에 노래 잘하는 학생이 누구냐고 물었다. 그러자 아이들은 일제히 "김병철!"이라고 외쳤다. 김병철의 노래를 끝까지 들은 선생님의 표정은 밝지가 않았다. "또 다른 학생은 없니?" 그랬더니 아이들이 "조순학이요!" 하고 외쳤다. 조순학은 김병철 다음으로 노래를 잘하는 학생으로 알려져 있었기 때문이다. 조순학이 나가서 노래를 불렀지만, 여선생님은 여전히 불만스러운 표정이었다.

출석부를 뒤적이던 선생님이 갑자기 소리쳤다. 이 반의 반장 나와봐. 반장은 차웅달이라는 아이였다. 체격도 좋고 공부도 잘하는 학생이었지만 노래는 정말 아니올시다였다. 차웅달이라는 아이는 노래가 다 끝나기도 전에 중도에서 포기하고 말았다.

그러자 선생님은 "부반장 일어서!" 하고 말했다. 부반장은 청천벽력 같은 그 소리에 가슴이 고동을 치기 시작했다. 혼자 '드디어 기회가 왔구나!'라는 생각보다 너무나 갑작스러운 일이라서 어쩔 줄을 몰라 하고 당황해했다. 그렇지만 선생님이 시키는 대로 일어나 「달맞이 가세」라는 노래를 불렀다.

이 노래가 그 학생의 인생을 바꾼 계기가 될 줄은 아무도 몰랐을 것이다. 노래가 끝나자 아이들은 물론 선생님까지 모두 우레와 같은 박수를 쳤다. 왜? 성량도 컸고 음질도 좋았고 음정이나 박자 같은 것이 완벽했기 때문에 모두가 감탄한 것이다. 이 학생은 자기가 이렇게 노래를 잘하는지 몰랐다. 물론 그 반 아이들도 몰랐었다. 그 후 이 학생은 자기 반의 대표뿐만 아니라 학교를 대표하는 노래꾼이 되었다. 성인이 된 지금은 한국 예술종합학교의 총장이 되었다. 그의 이름은 이강숙이다. 초등학교 때 우연히 노래를 부르고 자기가 이렇게 노래를 잘하는지 모르고 있다가 격려를 받고 자신을 얻어서 음악인이 되었다.

격려와 칭찬은 따뜻한 인간 정서에 대한 샛별과도 같아서 사람의 운명을 바꾸기도 한다.

22. 《연타석 홈런》

어느 기독교 대학의 야구 선수 한 명이 슬럼프에 오래 빠져 있었다. 야구팀이 중요한 경기에 출전하게 되어 교목이 선수들을 앞에 놓고 기도했다. 슬럼프에 빠져 있던 선수는 기도가 끝난 다음에 고개를 푹 숙이고 어깨를 늘어뜨리고 나가려고 했다.

교목은 그 선수의 어깨를 두드리며 "나는 자네의 팬일세. 나뿐만 아니라 내 아내도 자네의 팬이고 우리 딸도 자네 팬일세. 우리 가족은 오늘 자네의 경기를 지켜보며 자네를 응원할 걸세."라고 격려했다.

교목에게 격려의 말을 들은 선수는 그 경기에서 연타석 홈런을 쳤다. 경기가 끝난 다음에 그 선수는 목사님을 찾아와서 "목사님의 격려 덕분에 제가 힘을 얻어 연타석 홈런을 날렸습니다."라고 감사했다.

페터슨이라는 이름을 가진 그 교목은 축하한다고 하면서 이런 이야기를 들려주었다.

"자네가 알지 모르겠네만 나는 30년 전에 이 학교 사학과의 학생이었다네. 그런데 공부하기 싫어서 의기소침한 나날을 보냈지. 성적은 떨어지고 학생들과 교수들에게는 따돌림을 당하게 되었지. 그런데 하루는 지도교수가 이런 말을 하더군. '나는 자네의 형편도 잘 모르고, 자네의 학업 태도가 왜 그렇게 부진한지 잘 알 수 없지만, 그러나 한 가지 사실만은 잊지 말기 바라네. 자네는 우연히 이곳에 온 것이 아니라는 사실을 말일세. 다시 말해 하나님이 자네를 이곳에 인도하셨고 자네를 계속해서 보살필 것이라는 사실을 말일세.' 나는 이 격려에 힘입어 학업을 잘 마칠 수 있었고 이렇게 모교의 교목이 되어 후배들을 보살피고 있다네. 지도교수의 한 마

마음을 강하게 하는 이백열세 가지 이야기

디 격려가 오늘 나를 있게 하는 큰 힘이 되었고 격려하기에 힘쓰는 사람을 만들었지.”

이 야구 선수도 감화를 받고 그 후부터 남을 격려하기에 힘쓰는 사람이 되었다고 한다.

23. 《안데르센(Hans Christian Andersen)》

안데르센이 세계적인 문호가 된 동기가 있었다. 본래 글쓰기를 좋아하던 안데르센은 열한 살 되던 해 처음으로 희곡 비슷한 것을 써서 여러 사람에게 보여 주었으나 반응이 냉담했다.

어떤 아주머니는 “이걸 글이라고 썼니?”라면서 핀잔을 주었다.

안데르센이 크게 실망하고 집에 돌아와 어머니에게 알렸을 때 어머니는 꽃밭으로 그를 데려가서 “봐라. 이제 막 돋아난 잎새는 보잘것없어 보이지만 언젠가는 크게 자라 예쁜 꽃을 피울 거야. 너도 마찬가지야.”라고 말하며 용기를 주었다.

24. 《격려 팻말》

트럭을 운전하는 기사의 이야기다.

하루는 그가 한 번도 가본 적이 없는 깊은 산길을 달리게 되었다. 산길은 매우 험하고도 꼬불꼬불했다. 그는 정신을 바짝 차리고 천천히 산기슭의 가파른 길을 내려가고 있었다.

그러다가 극히 좁디좁은 길목을 만났다. 산비탈 아래는 천 길 낭떠러지였다. 쳐다보기만 해도 아찔했다. '이 큰 트럭을 몰고서 저 좁은 길목을 과연 통과할 수 있을까?' 그는 긴장이 되었다.

그 순간 그의 눈앞에 큼지막한 팻말이 있는 것이 보였다. 그 팻말에는 이러한 글귀가 적혀 있었다.

"당신도 이 길을 무사히 통과할 수 있을 것입니다. 그것은 이미 수많은 기사들이 이곳을 안전하게 통과했기 때문입니다."

그 글을 읽는 순간 그의 마음에 안도감이 들었다. 그는 침착하게 운전을 해서 결국 좁은 길목을 무사히 통과할 수 있었다.

25. 《화가 세잔느(Paul Cezanne)》

19세기가 낳은 최고의 화가 중 세잔느는 후기 인상파 화가의 제일인자로 꼽히는 인물이다. 그러나 그는 살아생전에 사람들에게 별로 인정을 받지 못하여 우울증과 자기 결벽증이 심했다고 한다. 그래서 그림이 원하는 대로 되지 않으면 화폭 자체를 쓰레기통에 내다 버리기 일쑤였다.

그러나 그의 아내는 그가 버린 그림을 몰래 주워서 다시 작업실 한편에 세워 두곤 했다고 한다. 그러면 세잔느는 자기가 버렸던 그림인 줄도 모르고 그 그림에 매달려 다시 작품을 완성했다.

현재 세계 유명 미술관에 소장된 세잔느의 작품들은 대부분 그가 잘못 그렸다고 버린 것들을 다시 주워서 그린 것들이라고 한다.

그 불후의 명작들이 있기까지는 남편의 절망과 투쟁을 이해한 아내의 역할이 컸다. 지혜로운 아내, 인내하는 아내, 배후에서 뒷바라지하며 격려하는 아내, 그 아내의 도움이 있었기에 세잔느는 훌륭한 화가가 될 수 있었다.

26. 《플로렌스 그리피스 조이너(Florence Griffith Joyner)》

1988년 서울 올림픽 때, 세계적인 영웅으로 떠오른 흑인 여성 그리피스 조이너가 있다. 육상선수로 세 개의 금메달과 한 개의 은메달을 목에 걸었다.

그녀는 본래 로스엔젤레스 남쪽 빈민가에서 11명의 자녀 중에 태어났다. 정부의 보조금을 받으며 근근이 살아가는 그 소녀는 꿈도 없이 절망 속에서 살았다. 마치 우울증 환자처럼 학교에서도 구석에서 혼자 말없이 지냈다.

그러던 어느 날 학교에 유명한 권투 챔피언 슈거 레이가 방문했다. 학생들은 소리를 지르며 환호하였다. 슈거 레이의 눈에 구석에 홀로 쪼그리고 앉아서 전혀 반응을 보이지 않고 땅만 바라보고 있는 한 소녀가 보였다. 강연을 마치자 슈거 레이는 그 소녀에게 다가가서 다정스러운 말로 "애야! 어디 아프니?" 하고 말을 걸었다.

그러자 소녀는 마치 발작하는 것처럼 "저요, 저는요, 저도 싫고, 집도 싫고, 학교도 싫어요!"라고 소리쳤다.

그 때 슈거 레이는 그 소녀를 끌어안고 물었다. "너 좋아하는 것은 없니?"

소녀는 대답했다. "저는 뛰는 것을 좋아해요!"

그는 소녀의 손을 잡아 주며 말했다. "그래 그럼 너도 나처럼 유명한 선수가 되겠구나! 너도 세계적인 스타가 될 수 있단다! 꿈을 가지면 부자란다! 네가 그런 선수가 되도록 기도해 줄게!"

그날부터 그 소녀는 달리기 시작했다. 그 소녀의 가슴 속에는 꿈과 비전이 생겼다. 그 소녀의 인생은 완전히 달라졌다. 구석에 쪼그리고 앉아있는 가련한 소녀가 아니라 미래를 향하여 뛰고 또 뛰고, 달리고 또 달리며 영광스러운 인생의 고지를 향하여 달리기 시작한 것이다.

마침내 88올림픽에서 세계적인 스타로 손을 번쩍 들게 되었다. 슈거 레이는 쪼그리고 앉아 있는 한 아이 속에, 무한한 가능성이 들어있음을 보았던 것이다.

27. 《격려의 편지들》

중학교 2학년 때 부모 곁을 떠나 미국으로 유학 간 학생이 있었다. 유혹과 방종이 질펀한 미국에서 학생은 중학교와 고등학교, 대학교, 대학원 그리고 박사 과정을 모두 마치고 우수한 과학자가 되었다.

그런데 놀라운 것은 15년 동안 한국에 있는 부모님이 보내 준 편지를 고스란히 보관하고 있었다. 박사 학위를 받던 날 가까운 사람들이 어떻게 미국 생활에서 자신을 지키고 학문에 정진할 수 있었느냐고 묻자 그는 다음 두 가지 때문이었다고 대답했다. 첫째는 신앙 때문이었고, 둘째는 부모님이 보내 준 사랑과 격려의 편지들 때문이었다는 것이다. 그는 15년 동안 부모님이 보내 준 편지들을 고스란히 보관했을 뿐만 아니라 그 내용을 마음 깊이 간직하며 살았던 것이다.

겸손

28. 《알버트 아인슈타인(Albert Einstein)》

아인슈타인은 겸손한 사람이었다. 상대성이론의 발견으로 크게 성공한 다음에도 대자연 앞에서 자신은 미약한 존재에 지나지 않는다는 것을 강조했다. 어느 날 제자들이 아인슈타인에게 "선생님. 선생님의 그 많은 학문, 전문적인 지식은 어디에서 나왔습니까?"라고 물었다.

아인슈타인은 잠시 생각했다. 그리고 실험기구에 있던 물에 손가락을 적신 뒤 한 방울의 물을 툭 떨어뜨리며 말했다.

"나의 학문은 바다와 비교해 이 한 방울의 물에 지나지 않네."

29. 《알버트 슈바이처(Albert Schweitzer)》

유명한 알버트 슈바이처 박사가 아프리카에 선교사로 가서 병원을 지을 때 손수 일을 하면서 지었다. 그런데 한 흑인 청년이 우두

커니 서서 구경만 하고 있었다.

슈바이처 박사가 청년더러 "여보시오 청년, 그렇게 서 있을 게 아니라 나와 같이 일을 하면 어떻겠어요?" 했다. 그때 이 흑인 청년이 말하기를 "나는 그런 일은 안 합니다. 나는 공부한 사람인데 그런 일은 공부 안 한 사람이나 하는 것입니다."라고 했다.

그때 슈바이처 박사가 "청년, 나도 학생 시절에는 그렇게 생각한 적이 있었소. 그러나 공부를 많이 한 다음에는 아무 일이나 다 해요."라고 했다.

빈 이삭은 고개를 쳐들지만, 충실한 이삭은 고개를 숙인다.

30. 《조지 워싱턴(George Washington)》

미국의 초대 대통령 조지 워싱턴은 그의 종이 인사할 때에도 모자를 벗고 답례하였다고 한다. 어느 사람도 무시하거나 낮게 여기지 않는 겸손과 배려의 모습을 우리는 가져야 한다.

5C 로마의 라틴 교부 아우구스티누스는 "교만은 인간이 빠지기에 가장 쉬운 것인 동시에 인간이 극복하기에 가장 어려운 것이다."라고 했고, 토마스 아퀴나스는 "교만은 모든 죄악의 어머니다."라고 했다.

교만은 모든 죄의 근원이다. 그러나 우리가 교만을 버리고 겸손하게 살 때, 우리의 생활을 행복하게 하고, 축복 되게 만들고, 발전과 성장을 하도록 만든다. 아무리 승리하고 성공하고 높은 자리에 있다고 할지라도 겸손한 사람은 점점 더 창대하게 되지만, 교만한 사람의 삶에는 멸망과 파괴가 다가오게 된다.

탈무드에 "포도송이는 무거우면 무거울수록 아래로 숙인다."라는 말이 있고, 한국 속담에도 "벼는 익을수록 고개를 숙인다."라는 말이 있다. 톨스토이는 "겸손한 사람보다 힘이 강한 사람은 없다. 겸손한 사람은 자기 자신을 떠나서 신과 함께 하는 사람이다."라고 했다.

31. 《양치기 출신 왕》

옛날 스코틀랜드의 어떤 왕은 어려서 양을 치는 목동이었다고 한다. 그러나 그는 후에 스코틀랜드의 왕이 되었다.

그는 왕이 된 후에 자기 같은 사람이 어찌하여 이렇게 큰 나라의 왕이 되어 이렇게 많은 부하와 백성들을 거느리게 되었는지 하루하루가 꿈만 같았다. 그래서 그는 매일 아침 궁궐의 작은 방에 들어가는 것을 첫 일과로 삼았다고 한다. 그 방에는 목동이었을 때 앉아서 쉬던 낡은 의자와 양을 치던 지팡이, 그리고 자신이 입었던 천한 목동의 옷이 있었다.

그는 그것들을 바라보면서 전에 자신이 일개 양치기에 불과했던 사실을 되새기면서 겸손한 마음으로 백성들을 섬겨 역사에 남는 왕이 되었다고 한다.

32.《청소부 학장님》

필리핀의 유명한 부자 사업가의 아들 카풍카우라는 청년이 신학교에 들어갔다. 학교에 가보니 화장실과 욕실이 너무나 더럽고 불결했다. 그래서 그는 학장에게 직접 찾아가 이렇게 말했다.

"교수님, 이렇게 더러운 곳에서 어떻게 공부를 할 수 있겠습니까? 이것 좀 치워주시고 깨끗하게 해 주십시오."

"알았네. 내가 다 알아서 조치할 테니 가 있게."

교수님의 대답을 듣고 잠시 후 그 학생이 다시 화장실로 가 보았을 때 요란한 소리와 함께 씻는 소리, 닦는 소리가 들렸다. 놀랍게도 학장님이 기쁘게 청소를 하고 있었다.

"조금 있다가 들어오게. 이제 깨끗해질 테니 염려하지 말게."

"학장님, 청소부를 데려다가 시키면 될 텐데 왜 직접 화장실 청소를 하십니까?"

놀란 학생이 학장님에게 말을 건네자 "천국은 그런 곳이 아니라네. 교회나 신학교는 일을 보는 사람이 먼저 하는 걸세. 불결하다고 생각하는 사람, 쓰레기를 보는 사람 하나하나가 청소할 때 우리 삶의 주변은 깨끗해질 수 있는 걸세. 자네가 부잣집 아들로 여기에 와서 보니 좀 불결하게 보인 걸세. 그러나 다른 사람들은 별로 그렇게 느끼지 못한다네. 그러니 먼저 느끼는 사람이 일하면 이 학교는 깨끗해질 수 있는 거라네."

33. 《민족운동가 조만식》

순교자 주기철 목사가 평양 산정현교회로 청빙 받을 때의 일이다. 산정현교회는 주기철 목사를 청빙하기로 결의하고 그 뜻을 전하기 위해서 조만식 장로를 주기철 목사에게 보냈다.

조만식 장로는 주기철 목사가 오산학교 학생일 때에 그 학교 교장이었다. 교장이 학생이던 젊은 목사를 청빙하기 위해서 찾아간 것이다. 주기철 목사를 찾아간 조만식 장로는 제자이자 젊은 목사인 주기철 목사 앞에 무릎을 꿇고 "목사님, 우리 교회에 부임하실 것을 허락해 주십시오."라고 정중하게 청원하였다. 조만식 장로의 겸손을 볼 수 있다.

또한, 이런 일화도 유명하다. 예배 시간에 조만식 장로님이 늦었다. 살며시 자리에 앉으려고 하는 순간 "조 장로님, 그 자리에 서 계십시오. 교회에 덕을 세워야 할 분이 예배 시간에 지각을 할 수 있습니까?" 책망을 했다. 그러자 조만식 장로님은 그 말씀대로 순종하였고, 정중하게 사과를 했다고 한다. 이런 겸손한 신앙의 태도를 지닌 조만식 장로는 훌륭한 교육자요 민족 운동가요, 아름다운 신앙의 발자취를 남긴 역사적인 인물로 평가받고 있다.

고난

34.《로즈 향수》

　세계에서 가장 좋은 향수는 장미에서 채취하는 '로즈 향수'다. 이 향수는 발칸산맥에서 자라는 장미에서 채취한다. 장미의 향기는 빛이 없는 캄캄한 밤, 모든 식물이 활동을 멈추는 차가운 공기가 있는 한밤중 자정에서 2시 사이에 가장 짙은 향기를 발한다고 한다.

　향수를 만들기 위하여 따는 장미는 바로 이 시간에 채취한다고 한다. 장미는 이 한밤중의 짧은 시간에 가장 짙고 많은 양의 향을 발산하기 때문이다. 만약 햇빛이 비치는 낮에 따게 되면 장미향이 40%밖에 나지 않는다고 한다. 위대한 인물 중에는 고난을 잘 극복한 자들이 많다.

35. 《천로역정》

천로역정을 저술하여 세계인의 심경을 울린 존 번연은 가난한 땜장이의 아들로 태어났다. 그는 16세 때 어머니가 세상을 떠나게 되었다. 그러나 그 슬픔이 가시기도 전에 1년 뒤인 17세 때 사랑하는 여동생 마가렛 양이 죽어 공동묘지 어머니 곁에 묻혔고, 그 후 군에 입대하였으나 절친한 친구가 적탄에 맞아 피투성이가 되어 비참하게 죽었다. 그 후 가난한 처녀와 결혼하여 첫 딸을 낳았으나 앞을 보지 못하는 맹인으로 태어났고, 불쌍한 4남매를 남긴 채 그 아내마저 세상을 떠나고 말았다. 그러나 고난은 끝날 줄 모르고 그에게 찾아왔으니, 그는 국교의 박해로 6년, 6년, 3년 등 세 차례나 걸쳐 긴 세월 동안 견디기 어려운 세월을 감옥에서 보내야 했다.

그러한 극한 고난의 날을 보내던 존 번연에게 어느 날 하늘에서 갑자기 가슴을 파고드는 음성이 들려왔다.

"세상이 너를 미워할 때 그리스도의 사랑을 깨달으라!"

"오 주님이시여, 나는 당신을 찾고 있습니다. 당신의 영원하신 사랑을 제게 주옵소서."라고 기도했다.

그때 그의 귓가에 다시 주님의 음성이 들려오기를 "내가 너를 영원히 사랑하노라. 네 뜻이 하늘에 닿았느니라."라고 하시는, 놀라운 주님의 음성을 듣게 되었다. 그때부터 그는 큰 위로를 받고 변하여 새사람이 되었다. 그리하여 그는 훌륭한 기독교 저술가가 되어서 무려 60여 권의 책을 저술했는데, 그중『천로역정』은 성경 다음으로 사람들이 많이 읽는 책이 되었다. 그 책은 세계 120개의 방언으로 번역되어서 수많은 사람의 마음에 감동을 줬다.

인생의 숱한 역경이 온다고 할지라도 인내로 극복하면 반드시 승리의 그 날이 찾아오는 것이다.

36.《워치만 니(Watchman Nee)》

중국의 유명한 전도자 워치만 니는 젊었을 때 몸이 심히 연약하여 의사로부터 청년 시절을 넘기지 못하고 죽을 것이라는 선고를 받았다. 이 때문에 그는 몸을 낫게 해 주십사 하고 하나님께 늘 기도드렸다. 한 번은 그가 이런 꿈을 꾸었다.

그가 배를 타고 양자강을 거슬러 올라가는데 강 한가운데 이를 즈음 큰 바위가 걸려 더는 나갈 수가 없었다. 그래서 그는 "하나님이 배가 지나가게 하여 주옵소서." 하고 기도했다. 그러자 하늘에서 "사랑하는 아들아. 내가 이 바위를 옮겨 버릴까. 그렇지 않으면 물이 불게 해서 네가 지나갈 수 있게 해주런?" 하는 음성이 들렸다. 그는 "하나님, 물이 점점 불어서 지나갈 수 있도록 하여 주옵소서."라고 대답했다. 그러자 순식간에 바위가 안 보일 만큼 물이 불어 올랐고 그는 그 위를 유유히 지나갈 수 있게 되었다.

그 꿈을 깨고 나서 그는 자신에 대한 하나님의 뜻을 깨달았다. 그는 하나님의 은총으로 부활의 생명을 넘치게 얻어 그 병을 날마다 극복하며 살아갈 수 있었다. 의사는 그에게 청년 시절을 못 넘기고 죽을 것이라고 하였지만, 그는 중국 기독교 역사상 지울 수 없는 큰 발자취를 남기며 80살이 넘도록 살았다고 한다.

37. 《프랑크 벤더 마틴》

프랑크 벤더 마틴은 18세 때 아이오와주 수카운티에서 제일가는 바이올리니스트였다. 그런데 그에게 큰 사고가 생겼다. 아버지가 경영하는 대장간에서 빨갛게 단 쇠가 그의 왼손에 떨어져 바이올린을 집던 손가락이 잘린 것이다. 그의 왼손은 엄지손가락만 남게 되었다.

그는 그에 굴하지 않았다. 그는 엄지손가락만 남은 왼손으로 바이올린 팔을 잡고 오른손으로 바이올린의 4줄을 잡고 피나는 연습을 반복하였다.

그는 다시금 아이오아주 수카운티 교향악단의 뛰어난 바이올리니스트가 되었다. 그는 "내가 불구자라고 생각하지 않는 한 결코 나는 불구자가 아니다."라고 했다.

로버트 슐러도 "불가능한 일이 존재하는 것이 아니라 불가능하다는 생각이 존재하는 것이다."라고 했다.

38. 《히야신스》

히야신스는 꽃을 피우기 위해서는 여러 주 동안 캄캄한 곳에서 자라야 한다고 한다. 우리 인생에도 어두운 밤이 찾아온다. 실패의 어두움, 질병의 어두움, 실직의 어두움, 이혼의 어두움, 사별의 어두움 등이 있다. 그러나 그런 어두움을 인내로 잘 통과하면 찬란한 아침을 맞이하게 된다.

39. 《인간 기관차》

맨발의 마라톤 선수로 이름이 알려진 이디오피아의 인간 기관차 아베베 비킬라(Abebe Bikila)는 근위대 장교 출신으로 로마 올림픽 마라톤 경주에서 우승하므로 세계적 명성을 떨쳤다. 4년 후 동경 올림픽 대회에서도 예상을 뒤엎고 또 영예의 금메달을 땄다.

그 뒤에 아베베는 교통사고로 허리에 상처를 입고 꼼짝하지 못하는 불구의 신세가 되었다. 사람들은 이제 그의 모든 것이 끝날 줄 알았다. 그러나 그로부터 4년 후 그는 런던 척추 장애인 올림픽 대회에서 다시 금메달을 따는 영예를 얻었다. 그는 고난을 이기고 끝까지 승리의 길을 걸어갔다.

40. 《청어 살리기》

북쪽 바다에서 청어잡이를 하는 어부들의 가장 큰 관심사는 어떻게 하면 북해도로부터 먼 거리에 있는 런던까지 청어를 싱싱하게 살려서 가지고 가나 하는 것이었다.

모든 어선이 잡은 청어를 싣고 런던에 도착해 보면 청어는 거의 다 죽어 있었다. 그런데 꼭 한 어부만은 북해에서 잡은 청어들을 싱싱하게 산 채로 런던에 가지고 와서 큰 재미를 보는 것이었다. 동료 어부들이 이상해서 그 어부에게 물어보았으나 그는 비밀이라고 하면서 그 이유를 가르쳐 주지 않았으나, 동료들이 애타게 졸라대니 다음과 같이 말했다.

"나는 청어를 잡아서 넣은 통에다 메기를 한 마리씩 집어넣습니다."

그러자 모든 어부가 눈이 동그래지면서 "그러면 메기가 청어를 잡아먹지 않소?"라고 이구동성으로 의아해했다.

그러자 그는 그 이유를 다음과 같이 말했다.

"네, 메기가 청어를 잡아먹습니다. 그러나 메기는 청어를 두세 마리밖에 못 잡아먹지요. 그러나 그 통 안에 있는 수백 마리의 청어들은 잡아먹히지 않으려고 계속 도망쳐다니지요. 런던에 갈 때까지 모든 청어는 마치 올챙이들처럼 열심히 헤엄치고 도망 다닙니다. 그런 까닭에 먼 길 후에 런던에 도착할 때까지도 청어들은 다 살아 있는 것입니다."라고 하였다.

41. 《돈키호테》

한 작가가 있었다. 그는 전쟁터에서 돈을 벌기 위해서 용병이 되었다. 그런데 그 전쟁에 패배해서 감옥에 갇혔다. 그는 감옥에 들어갔을 때 몸도 약하고, 사람들이 손가락질했지만 늘 감옥 한구석에서 무언가를 쓰면서 얼굴에 기쁨이 넘쳤다. 사람들은 바보 같다고 놀렸지만, 그는 부지런히 살면서 글 쓴 것을 차곡차곡 쌓아왔다. 형기가 다 끝나서 그 원고를 가지고 밖으로 나왔다. 그래서 책을 만들었는데 그 책이 바로 『돈키호테』다. 저자는 세르반테스(Miguel de Cervantes)다. 사람들이 무시하고 손가락질해도 그 속에 기쁨이 있으면 작품이 이루어지는 것이다.

고난은 축복의 터널이다. 그런데 많은 사람은 이 고난의 터널을 지나기 전에 절망하고 만다. 우리 앞에 어떤 고난의 터널이 있다고 해도 참고 견디면 광명한 터널 밖의 모습이 나타날 것을 믿어라.

마음을 강하게 하는 이백열세 가지 이야기

42. 《카네기》

세계적 부호인 카네기의 어린 시절은 비참할 정도로 가난했다. 가족들이 빵 한 조각을 서로 먹겠다고 다툴 정도였다. 절망적 상황에서 카네기의 부모는 중대 선언을 했다.

"이제부터는 모두 흩어져 살아야 한다. 가만히 앉아서 굶어 죽을 수는 없다." 가족들은 빵을 찾아 뿔뿔이 흩어졌다. 그때 소년 카네기는 주린 배를 움켜쥐고 한 가지 결심을 했다. '가난을 영원히 날려 버리겠다. 이 고통의 순간을 절대로 잊지 말자'

카네기는 가난을 물리치기 위해 열심히 돈을 벌었다. 마침내 하나님의 축복으로 세계적인 부호가 되었다.

43. 《아우슈비츠의 생존자》

유대인을 학살하던 아우슈비츠 수용소에서 독일군이 매일 죽일 사람을 골라내고 있었다. 1열로 세워놓고 그 앞을 거닐며 아무나 기분 내키는 대로 "너!" 하면, 끌어다가 죽여버리는 그런 살벌한 처지였다. 독일군에게는 장난이요, 유대인에게는 운명이 걸린 무서운 일들이 날마다 계속되었다.

모두가 자포자기한 상태로 갇혀 있었다. 그때 독일군은 늘 이렇게 말했다. "너희들이 이곳에서 나갈 길은 독가스실에서 죽어 화장터에서 연기가 되어 굴뚝으로 나가는 길밖에 없다."

모두가 그러한 비극적인 상황만 바라보며 자포자기한 상태로 죽을 날만 기다리고 있을 때, 놀랍게도 끝까지 살아남은 한 사람이 있었다.

그 사람은 매일 노동장에 끌려가서 일할 때마다 유리 조각을 주웠다. 그리고 감옥 시멘트 바닥에 이 유리 조각을 날카롭게 갈았다. 그리고 자라나는 수염을 매일 깎았다. 다른 유대인들은 모든 것을 포기하고 면도를 못 하여 덥수룩한 수염이 인생을 처절하게 만들었다. 그런데 이 사람만은 턱이 언제나 말끔하였다. 그리고 항상 밝은 모습으로 인하여 그는 독일 병사들의 지명에서 피하게 된 것이다. 아무리 어려움에 빠져 있다고 해도 비바람 치는 순간들이 지나가면 해 뜰 날이 돌아온다.

44. 《고난의 위인들》

세계를 움직인 사람들은 모두 다 고난을 극복한 사람들이다.

영국을 전쟁의 위기에서 구한 윈스턴 처칠은 심장병을 앓아서 항상 심장병 때문에 고통을 당했다. 프랑스의 영웅이었던 드골도 일평생을 당뇨병과 백내장으로 고생했다. 줄리어스 시저와 나폴레

옹은 간질병 환자였다. 요한 웨슬레는 폐결핵에 걸려 몸이 매우 허약했지만, 영국 사회를 살리고 감리교 창시자가 되었다. 존 번연은 복음을 전하다가 감옥에 갇힌 상태에서 불후의 명작인 『천로역정』을 썼으며, 러시아가 낳은 세계적인 작가 도스토옙스키는 시베리아에서 9년의 유배 생활을 한 뒤에 『죄와 벌』을 썼고, 단테는 정적으로 인해 추방당한 후에 『신곡』을 집필했다. 세계인의 영혼을 뒤흔든 헨델의 『메시아』도 그가 반신불수가 되어 감옥에 갇힌 후에 작곡한 것이다. 아인슈타인은 네 살까지 말을 못 하고 일곱 살까지 글을 읽지 못했다. 베토벤은 음악 교사에게서 "작곡가가 될 가망성이 없다."라는 진단을 받았던 사람이다. 월트 디즈니는 아이디어가 없다는 이유로 신문사에서 해고되었던 적이 있다. 톨스토이는 낙제생이었고, 파스퇴르는 대학에서 화학 과목을 제일 못했던 사람이었다고 한다.

45. 《머리 부딪힘으로》

　미국 리전트 대학 총장의 셋째 아들은 건장한 몸에 공부도 잘하고 쾌활한 젊은이였다. 그 아들이 운동을 하고 난 다음에 어린아이들과 장난을 치다 부러진 판자에 머리를 세게 부딪쳤다. 그래서 아버지가 병원에 데려가서 엑스레이를 찍어보고 여러가지 진찰을 해보니 판자로 인한 상처는 없는데 머리 안에 손가락만한 혈구가 생겨서 한 달만 더 지체했어도 터질 상태였다. 잘못했으면 장애인이 되거나 죽었을지도 모르는데 나무 판자에 부딪힌 사고 때문에 알게 된 것이다.

그때 그 총장은 "하나님이 얼마나 자상스러우신지 우리 아들을 그대로 내버려 두었으면 한 달만에 죽을 수밖에 없었는데 하나님께서 친히 판자를 준비하사 머리를 치니 병원에 가게 되어 생명을 구했다."라며 감사했다.

고정관념

46.《벼룩의 높이 뛰기》

곤충학자가 벼룩을 가지고 실험을 했다. 벼룩은 자기 키보다 엄청 높이 뛴다. 벼룩을 항아리에 넣었더니 너무 뛰어서 자꾸 밖으로 나왔다. 그래서 투명한 유리 뚜껑을 덮었다. 그랬더니 벼룩이 유리판에 부딪혔다. 몇 차례 그러더니 이제는 부딪치지 않을 정도로 조금씩 뛰어올랐다. 놀라운 사실은 나중에 유리판을 치웠는데도 벼룩이 그 정도의 높이만 뛰어올랐다는 것이다.

사람은 누구나 자기 한계를 그어놓는 습성이 있다. 자기 조건과 환경을 따지면서 움츠러든다. 그러다 보면 그 심령은 부정적인 생각으로 가득 차고 서서히 죽어가는 것이다. 그러므로 그 한계를 깨뜨려야 한다.

47. 《메기의 고정관념》

심리학자들이 이런 연구를 했다. 큰 어항을 만들고, 어항 속 가운데 투명한 플라스틱판을 넣어 어항을 두 부분으로 나누었다. 한쪽에는 작은 금붕어들을 넣고, 다른 한쪽에는 메기를 넣었다. 메기의 눈에 금붕어 떼가 보이니 메기는 금붕어를 잡아먹으려고 쏜살같이 달려서 입을 벌렸지만, 메기에게 부딪히는 것은 금붕어가 아니라 투명한 플라스틱판이었다.

메기가 돌진하여 헤엄쳐 갈 때마다 메기의 입에만 상처를 입고 실패를 거듭했다. 메기가 그런 상황을 여러 번 반복한 후에는 자신의 영역에서만 헤엄치는 것을 보았다.

그래서 심리학자들이 중앙에 있는 플라스틱판을 치웠다. 메기의 입 앞에 금붕어가 지나다녀도 메기는 금붕어를 잡아먹으려고 하지 않았다.

고향

48. 《산천은 같으나》

어떤 목사님이 북경에서 평양으로 가는 비행기를 탔는데, 그 안에서 백발이 성성한 노인 한 분을 만났다. 어디 가느냐고 물으니 고향에 간다고 했다. 그 노인은 캐나다 국적을 가진 한국 교포였다. 고향에는 4형제 자식들이 있다고 했다.

일주일 후 평양에서 다시 북경으로 돌아올 때 목사님은 공교롭게도 같은 비행기 안에서 그 노인을 또 만났다. 목사님이 물었다.

"고향에 갔었습니까?"

"갔습니다."

"자녀들은 만났습니까?"

"다 만났습니다."

"모두 평안히들 있습디까?"

"그저 그렇게 있습디다."

그리고는 잠시 그 노인은 아무 말이 없다가 이런 말을 했다.

"다시는 고향에 가지 않으렵니다."

"왜요?"

"산천은 같으나 사람들이 다 변했습니다. 인심이 변했다. 다시는 오지 않으렵니다."

그리고 주르륵 눈물을 흘렸다.

공력

49. 《스타인웨이 피아노》

스타인웨이 피아노는 140년 동안 동일하게 만들어지고 있다고 한다. 그 피아노를 만들 때는 200명의 기술자가 2만 개의 부속품으로 만든다는 것이다. 18겹이나 되는 단풍나무를 휘는 작업부터 시작해서, 건반 하나를 만들 때는 두드리는 방에 가서 만 번 이상을 두드려보고 건반의 소리가 변함이 없을 때 사용이 된다고 한다. 아름답고 정확한 소리가 있기 때문에 유명한 피아니스트들이 이 피아노를 찾는 것이다.

50. 《스트라디바리우스》

바이올린 스트라디바리우스는 값으로는 살 수 없는 명품으로 소문나 있다. 1644년 이탈리아에서 태어난 스트라디바리는 한평생 바이올린만을 만들었는데 1,100점의 악기 가운데 현재 약 600점이 남아 있다고 한다.

1971년 '레이디 블런트'라는 스트라디바리우스가 2억 6천만 원에 팔렸고, 1998년 런던의 경매장에서는 19억 5천만 원에 팔렸고, 최근 4개를 한데 묶은 스트라디바리우스는 5천만 달러(약 650억 원)라는 평가를 받았다고 한다.

미국의 바이올리니스트 거장 아이작 스턴은 "스트라디바리우스의 최상품은 연주회장이 아무리 넓어도 끝없이 퍼져나가는 천상의 아름다움을 지니고 있다."라고 격찬했다.

전 세계 연주가들이 왜 스트라디바리우스를 사랑하고 흠모하는가? 그것은 온갖 혼을 불어넣어 악기를 만들었기 때문이며, 그 누구도 흉내 낼 수 없는 소리 때문이며, 악기 안쪽에 붙어있는 라틴어로 쓰여 있는 다음과 같은 쪽지 때문이라고 한다.

'크레모나의 안토니오 스트라디바리 제작'

51. 《다윗상》

카라라 대리석은 이탈리아에서 생산되는 좋은 대리석이다. 이 카라라 대리석 큰 덩이 하나가 이탈리아의 플로렌스 성당 앞에 근 백 년 동안이나 버려진 채로 있었다. 한 조각가가 멋진 조각품을 만들려고 하다가, 그만 못쓰게 되어서 오랫동안 버려져 있었다.

그런데 1505년 미켈란젤로라는 젊은 조각가가 그 돌을 새롭게 바라보았다. 그는 그 돌을 전후좌우로 잘 살펴보았다. 못 쓰게 된 부분도 자세하게 보았다. 그리고 젊은 조각가는, 그 돌 속에서 골리앗과 싸운 다윗의 모습을 상상해 냈다. 무려 3년 동안을 그 대리석과 씨름하며 작품을 만들었다. 드디어 미켈란젤로가 그 다윗상을 완성했을 때, 작품을 바라본 제자 한 사람이 다음과 같이 소리를 쳤다.

"스승님, 이 작품은 오직, 말을 못 하는 한 가지만 부족하고, 완벽합니다."

높이 18피트에, 무게 9톤의 이 카라라 대리석 조각이, 바로 세계 최고의 조각품으로 인정받고 있는, 미켈란젤로의 다윗상이다.

52. 《화가 지망생》

젊은 화가 지망생이 있었다. 그는 유명한 화가가 되고 싶은 욕망이 있었다. 그는 그림을 그려서 화랑을 찾아갔다. 그의 그림을 본 화랑 주인은 말했다.

"글쎄 3년 안에 팔릴 수 있을지 모르겠어요."

청년은 기분이 몹시 상했다. 그 옆에 당대 최고 화가의 그림이 여러 점 걸려 있었다. 모두 판매되었다는 표가 붙어 있었다.

"저 그림들은 언제부터 전시되었습니까?"

"이 화가의 그림은 전시된 지 사흘이면 모두 팔려 버립니다."

청년은 그 화가를 찾아가서 물었다.

"선생님, 어떻게 하면 제가 그린 그림이 3일이면 팔려나가게 할 수 있을까요?"

화가는 나지막한 목소리로 말했다.

"청년이여, 그림을 3일 만에 팔 생각을 하지 말고 3년 걸려 그림 하나 그릴 생각을 하게나."

과실

53. 《이발사의 실수》

어떤 섬 학교에서 근무하는 선생님이 이발소에 가서 이발하게 되었다. 날씨가 무척 덥고 졸려서 이발하는 동안 잠을 자고 있었다. 그런데 서툰 이발사가 면도하는 중에 실수하여 눈썹까지 면도해버린 것이다. 이 사실을 알았을 때는 이미 때가 늦었기에 화를 내도 소용이 없었다. 할 수 없이 그 선생님은 눈썹을 그려서 이발소를 나갔다. 배를 타고 육지로 향하던 중에 더운 날씨로 흘러내리는 땀을 수건으로 닦다가 그만 그린 눈썹까지 지우는 바람에 얼굴이 온통 검게 물들었으나 자신은 의식하지 못하다가 배에 탄 사람들이 킥킥거리고 웃는 바람에 알고 얼굴이 홍당무가 되었다. 한 사람의 과실이 타인을 곤경에 빠뜨릴 수 있는 것이다.

과학

54. 《첨단과학 시대》

우리는 지금 최첨단의 과학 시대에 살고 있다. 머리카락만 한 줄로 수천만 명이 전화를 할 수 있고, 1초 동안에 200자 원고지 2~3억 장의 원고를 주고받을 수 있으며, 전자망원경으로 달에서 지구에 있는 한 사람 한 사람을 선명하게 식별할 수 있을 정도. 삼층 빌딩 이상의 높이를 가진 렌즈라고 한다. 이것으로 벼룩을 보게 되면 벼룩을 뜯어 먹고 사는 더 작은 벌레들이 있는 것을 발견하게 될 정도라고 한다. 천문경(天文鏡)도 매우 발달해서 무수한 천체를 많이 발견할 수 있다는 것이다.

교만

55. 《다섯 손가락》

옛날 우화 중에 다섯 손가락 이야기가 있다.

다섯 손가락이 함께 사이좋게 지내고 있는데, 어느 날 첫째 손가락이 "얘들아, 내가 엄지니까 최고야."라고 자랑을 했다. 가만히 옆에서 듣고 있던 둘째 손가락이 이에 질세라 "무슨 말이야, 무언가를 가리킬 때는 내가 제일 많이 사용된다고." 하며 자랑했다. 셋째 손가락도 가만히 있을 수가 없었다. 다른 손가락들을 쳐다보며 "너희들 웃기는구나? 한번 키를 재보자. 누가 제일 크니? 우리 중에 나보다 큰 손가락이 어디 있니? 내가 제일 크다."라고 하며 으스댔다. 넷째 손가락도 가만히 있을 수 없었다. "그래 너희들 말을 내가 다 인정한다. 그러나 약혼이나 결혼 같은 귀중한 사랑을 서약할 때 내 손가락이 사용되는 거 알지?"라고 하며 잘난 체했다. 손가락들이 모두 다 자기 자랑을 한 가지씩 내놓았는데, 마지막 남은 다섯째 손가락은 내놓을 자랑거리가 없을 것으로 생각했다. 그런데 그 마지막 손가락이 당당히 큰소리로 이렇게 말했다. "야, 나 없으면 병신이다."

56. 《나귀와 군마》

이솝의 이야기 중에 말과 나귀의 이야기가 있다. 찬란한 말 안장과 요란한 방울 소리를 내는 굴레를 쓰고 출전 준비를 마친 군마가 우레 같은 발굽 소리를 내면서 뛰어가는데, 초라한 나귀들이 줄을 서서 무거운 짐을 싣고 땀을 뻘뻘 흘리며 느릿느릿 가고 있었다.

군마는 의기양양하게 고개를 쳐들고 "길을 비켜라! 그렇지 않으면 진흙에다 모두 짓밟아 버릴 테다!" 하면서 소리쳤다.

이 말을 들은 나귀들은 재빨리 길을 비켜 주었다. 그러자 군마는 잔뜩 뽐내며 그 앞을 지나갔다. 그런데 한 마리의 나귀는 길을 비키지 않고 제 길을 가고 있었다. 군마는 잔뜩 화가 나서 옆으로 가 짐을 싣고 가는 그 나귀를 밀어붙이고 말았다. 그로 인하여 나귀는 길가의 진흙 속에 사정없이 넘어졌다.

그 후 얼마 있지 않아 군마는 전투장에서 한쪽 눈에 화살을 맞아 군마로서 쓸모가 없게 되자 농부에게 팔렸다.

하루는 진흙에 넘어졌던 나귀가 짐을 싣지 않고 주인과 함께 나들이하고 있을 때였다. 반대쪽에서 행색이 초라한 말 한 마리가 고개를 숙인 채 무거운 짐 마차를 끌고 농부의 가죽 채찍을 맞으면서 지나가고 있었다. 그런데 나귀가 그 말을 쳐다보니 언젠가 본 듯해서 자세히 다시 한 번 보았다. 그랬더니 그 말이 전에 위세 당당했던 군마였다.

나귀는 이렇게 말했다. "아이고 당신이구려, 언젠가 당신이 이렇게 될 줄 알았소."

군마는 힘없이 고개를 떨구었다. 그 말은 군마였을 때에 힘없는 나귀들에게 가혹하게 행세를 했던 것이다.

57. 《황제와 대위》

러시아의 리콜라이 황제는 덕망 있고 정의감이 투철한 황제였다. 어느 날 평복을 입고 백성을 살피러 나갔다. 낯선 길인지라 갈림길에서 지나가는 군인에게 길을 물었다. 그런데 그 태도가 너무나 오만했다. 그래서 한 마디 덧붙였다.

"미안하지만 계급이 어떻게 됩니까?"

군인은 기다렸다는 듯이 말했다.

"어디 자네가 한 번 맞춰보게."

그러니까 황제가 묻는다.

"상사입니까?"

"아니!"

"그럼 소위이신가요?"

"아니. 나를 그렇게밖에 보지 않는가!"

"그럼 중위신가요?"

그는 역시 아니라고 했다. 황제는 다시 물었다.

"그럼 대위이신가요?"

"맞았네. 내가 육군 대위일세."

그 대위가 대단히 큰 벼슬인 것처럼 거드름을 피웠다. 황제는 미소를 머금고 있었다. 그런데 그 모습을 보던 대위가 예사 사람으로 보이지 않은 지라 불러서 물었다.

"여보게. 혹시 자네도 군인인가?"

"예."

"그러면 계급이 무엇인가?"

"한 번 맞혀 보세요!"

"상사인가?"

황제는 고개를 저었다.

"그럼 소위인가?"

황제는 또 고개를 저었다.

"그러면 중위인가?"

역시 고개를 저었다. 군인은 이제 말씨가 좀 달라졌다.

"그럼 당신도 대위인가요?"

황제는 고개를 저었다. 군인은 몸이 오싹해졌다.

"그러면 소령입니까?"

황제는 역시 고개를 저었다. 군인은 중령, 대령, 심지어는 대장까지 물어볼수록 몸이 떨리기 시작했다.

"아, 그러면 원수입니까?"

그런데 순간 황제의 얼굴이 필름처럼 스쳐 갔다. 그 대위가 아차 하면서 무릎을 바닥에 꿇으면서 "황제 폐하 용서하옵소서!" 했다는 이야기가 있다.

우리가 인생을 살 때 어린아이같이 겸손하게 살아야 하겠다.

교회의 가치

58. 《중국 교회》

개화초기 중국 교회들의 잘못 중의 하나는 아편 장사로 돈을 모은 사람들이 교회의 중요한 자리를 대부분 차지했다는 것이다. 당시 중국에서 돈을 모은 것은 대개 아편에 관련된 사업을 해서 돈을 번 것이다. 중국 부자 태반이 아편 사업으로 돈을 벌었다. 이런 사람 중 많은 이들이 교회 장로였다.

뒤로는 사람들을 죽음으로 몰아넣는 아편을 팔아 돈을 벌면서 겉으로는 거룩한 척 교회의 직분을 맡아 있었다. 그 결과 중국교회는 하나님의 징계를 받아 공산주의라는 파도에 휩쓸려 질식해 버리고 말았다.

이렇게 교회가 탐욕에 빠지자 하나님께서 그 가지를 꺾으신 것이다.

59. 《러시아 교회》

제국시대에 러시아 교회는 국가 재산의 3분의 2를 소유하고 있었다. 그래서 당시 성직자가 된다는 것은 거룩해지는 것이 아니라 부자가 되는 길이었다. 그러므로 물질적으로 탐욕에 빠져서 타락하는 것이 그 당시 성직자들의 생활이었다. 결국 러시아 교회는 공산주의라는 회오리에 말려 무려 70년 동안이나 교회의 문이 닫히고 말았다.

한때 러시아에서 기독교가 왕성했을 때 황족으로부터 귀족 그리고 거의 모든 국민이 다 교인이었다고 한다. 기독교가 국교였기 때문이었다. 예수를 믿지 않으면 취직이 되지 않았고 증명서 발급도 되지 않았다. 거리도 성경의 지명을 따라 이름을 지었고, 장사하면서 간판도 성경의 이름으로 지었고, 음식 이름도 성경에 나오는 식물 이름으로 따서 음식을 팔았다고 한다. 기독교 황금시대였다. 하나님이 그것을 귀하게 보시고 축복을 주셨다.

그런데 그들은 무엇을 했는가? 당시 교회는 지붕 위에 십자가를 금으로 만들고 예배당을 화려하게 금으로 장식했다. 성직자들은 모여서 회의한다며 싸움을 일삼았다. 축도하는 손은 60도로 할 것이냐 70도로 할 것이냐, 80도 혹은 90도로 할 것이냐 하며 싸웠다. 그뿐만이 아니라 성찬식 떡을 자르는데 5㎝냐 6㎝냐, 포도주양도 적게 하느냐 많게 하느냐 언제나 싸움이었다.

그래서 어떤 결과가 왔는가? 러시아 혁명이 일어나면서 공산화가 되었고, 황족들 귀족들이 수백 화차에다가 금은보화를 가득 채우고 살길을 찾아서 영하 40도가 넘는 시베리아로 달려가다가 다얼어 죽고 말았다고 한다.

이렇게 천 년 동안 정교회 국가였던 러시아에서 공산주의가 일어났고, 종교개혁의 본산이라고 할 수 있는 독일에서 히틀러가 나타났다. 교황청이 있는 이탈리아에서 독재자 무솔리니가 나타났으며, 제2의 예루살렘이라고 하는 평양에서 공산주의가 일어나서 남한을 침략하는 전쟁을 일으켰다.

꿈

60. 《존 하버드》

1640년 존 하버드라는 사람이 영국에서 미국에 이민을 갔다. 그는 목사를 양성하기 위해서 보스턴 한구석에 대학을 세웠다. 이 대학이 바로 하버드 대학이다. 하버드 대학은 존 하버드가 내놓은, 700파운드의 돈과 책 200권으로 시작된 학교다. 안타깝게도 존 하버드는 대학을 세운 지 1년 만에 타계하였으므로 하버드 대학의 영광을 보지 못했다. 그렇지만 하나님께서 그의 꿈을 사용하셔서, 이 대학을 통해서 미국의 많은 목사와 대통령, 노벨 수상자를 만들어냈다. 이 하버드 대학은 존 하버드의 꿈의 결실이다. 신앙인은 꿈이 있어야 한다. 꿈이 없는 백성은 망한다고 했다. 죽을병에 걸린 사람도 꿈을 갖고 살면 병이 치유되며 생명이 연장된다. 꿈이 있어야 산다. 꿈이 없는 인생은 동물에 불과하다.

61. 《존 에프 케네디(John F. Kennedy)》

존 에프 케네디가 어려서부터 대통령이 될 꿈을 가졌는데, 그의 아버지는 "대통령의 꿈을 가졌으면 지금부터 대통령처럼 살라."라고 했다.

꿈을 가진 사람은 고난도 역경도 극복할 수 있다. 비전을 가진 사람은 눈물과 불행도 축복으로 바꿀 수 있다.

월트 디즈니는 "천재의 모든 산물은 꿈 때문에 생긴 것"이라고 했다.

솔로몬은 하나님이 기뻐하시는 훌륭한 왕이 되려는 꿈이 컸기에 남이 상상도 못 하는 일천번제를 드렸다.

로버트 슐러는 성공의 요건 세 가지를 다음과 같이 말했다. 첫째, 마음속에 꿈을 가지라. 모든 성공은 꿈에서 잉태된다. 꿈과 소망을 지녀야 한다. 둘째, 그것을 이루고자 하는 갈망하는 마음이 있어야 한다. 꿈을 이루고자 하는 갈망과 불타는 마음이 있어야 한다. 셋째, 모험이 필요하다. 꿈을 이루기 위해서는 대가와 희생이 요구된다.

마음을 강하게 하는 이백열세 가지 이야기

62.《죠지 윌리엄스(George Williams)》

영국 포목점에서 일하는 한 청년이 있었다. 배우지도 못하고 부자도 아니었지만, 이 청년에게는 꿈이 있었다. 주위를 돌아보니 젊은 청년들이 방탕하게 지내는 것을 보고 그들을 하나님의 품으로 인도하겠다는 그런 꿈이었다. 가진 것이 없어서 그는 기도부터 시작했다. 끈질기게 기도했다.

아침 7시에서 밤 11시까지 일을 마친 후, 밤새 침대에서 자지 않고, 앉아서 자고, 앉아서 기도하는 시간을 가졌다. 정말 끈질기도록 3년을 그렇게 했다.

3년 후에 하나님께서 기도 동지 12명을 붙여 주셨다. 그 열두 명이 함께 기도하며 만든 조직이 바로 YMCA(기독교 청년회: 120개국 3,000만 명, 청소년 인격과 지도력 향상과 문화사업)였다. 그리고 그 조직을 만드는데 헌신했던 포목점 청년이 바로 죠지 윌리엄스다.

끈기

63. 《마라토너 이봉주》

105회 보스톤마라톤대회에서 승리의 월계관을 쓴 이봉주 선수는 신체적인 핸디캡을 가졌다. 그것도 마라톤 선수에게는 치명적인 약점인 짝발에 짝눈이다. 그런 약점 때문에 그는 무수한 부상과 슬럼프를 겪었다. 단 한 번도 우승해보지 못했다. 시드니 올림픽 때도 전 국민이 기대를 했지만, 동메달 하나도 못 땄다.

국민들은 이봉주 선수에 대하여 포기했다. 그런데 이 선수 자신은 포기하지 않았다. 돌아가신 아버지 묘지에 월계관을 바치겠다는 꿈을 포기하지 않았다. 약점이 있고, 무수한 부상과 슬럼프가 있어도 끝까지 꿈을 포기하지 않았다. 국민들이 그를 포기했어도, 후원해 주었던 기업이 그를 포기했어도, 자신은 꿈을 포기하지 않았다. 드디어 이봉주 선수는 105회 보스턴마라톤대회에서 월계관을 쓸 수 있었다.

64. 《산악인 고상돈》

산악인 고상돈 씨가 에베레스트를 정복했을 때 어느 기자가 그를 만나 이렇게 물었다.

"나는 남산에 올라가기도 힘든데 그 높은 곳을 어떻게 올라갔습니까?"

"네, 한 발자국씩 걸어서 올라갔지요."

"누구나 한 발자국씩 걷지 두 발자국씩 걸을 수야 없는 것 아닙니까?"

"아닙니다. 나는 그 한 발자국을 떼기 위해서 몇 시간씩 지체한 일도 있었습니다. 그러나 나는 포기하지 않고 오르고 또 올랐습니다. 그러다 보니 더 올라갈 곳이 없었습니다. 그곳이 정상이었습니다."

그는 죽을 힘을 다해 도전했고, 결국 태극기를 정상에 꽂았던 것이다.

65. 《마라토너 황영조》

바르셀로나 올림픽 마라톤에서 일등 한 황영조가 말했다.

"나를 훈련시키는 코치는 너무나 지독하였다. 맹훈련을 시켰다. 달리고 또 달리고 또 달리다 지쳐도 또 달려야 했다. 어떤 때는 달리는 트럭 속으로 뛰어 들어가 죽고 싶은 충동이 일어났다. 그러나 계속 달렸다. 드디어 승리하였다."

66.《웅변가 하보트》

하보트는 영국에서 가장 유명한 웅변가였다. 그는 날마다 해변으로 나갔다. 파도 소리가 요란스럽게 울리는 바닷가에서 파도 소리보다 더 큰 소리로 외쳐댔다. 목소리 터지는 훈련이었다. 목구멍에서 피가 터졌다. 목이 부어올랐다. 그는 바닷가로 나가는 시간이면 죽기보다 싫었다. 그러나 쉬지 않고 나가 목소리 훈련을 하였다. 드디어 영국에서 가장 훌륭한 웅변가가 되었다.

67.《정주영》

정주영 씨가 처음 사업을 시작할 때는 매우 어렵고 힘들었다고 한다. 그는 그 당시에 기댈만한 변변한 집도 없어서 거의 매일 밤 노동자 합숙소에서 잠을 자곤 했는데 그 노동자 합숙소에 들끓고 있는 빈대 때문에 도저히 잠을 잘 수가 없었다는 것이다.

그래서 빈대와의 전쟁이 매일 밤 계속되었는데 하루는 꾀를 내어서 자기 침상에다가 다리를 만들었다. '침상 다리를 만들어 세우면 좀 덜 기어 올라오겠지.' 그런데 웬걸 그 침상 다리를 타고서는 일렬로 계속해서 빈대가 올라오면서 자기의 잠자리를 괴롭혔다. 그래서 도저히 안 되겠다 싶어서 그다음에는 침상 다리마다 깡통을 하나 묶어서 거기다가 양잿물을 부어놓았다. 그러니까 빈대들이 올라오다가 침상다리로 올라오지 못하고 그 깡통에 빠지면서 그 양잿물에 다 빠져 죽더라는 것이다.

아침에 일어나서 양잿물을 보니까 빈대가 수북이 깡통에 담겨 죽은 것을 보고서는 내 머리가 제법 쓸 만 하구나, 이제부터는 잠을 좀 편히 잘 수 있겠다고 생각했다. 그런데 웬걸 며칠이 지나니 또 빈대가 자기에게 붙기 시작하더니 계속해서 잠자리를 괴롭히는 것이다. 그래서 '이상하다 올라오려면 양잿물을 통과해야 하는데 어떻게 이 빈대가 올라올 수 있었을까?' 그래서 하루는 잠을 자지 않고서 이 빈대들이 어떻게 하는지 그 행동을 예의 주시하면서 기다렸다. 그런데 한밤중이 되니까 천장에서 빈대가 자기 몸으로 툭툭 떨어지는 것이다. 그래서 가만히 보니까 이 빈대들이 다리로는 올라 오지 못하니까 벽을 타고는 천장으로 기어 올라가서 자기 몸 있는 곳으로 낙하를 시작하더라는 것이다. 정주영 씨는 거기에서 큰 깨달음을 가졌다고 한다.

"이 미물(微物)도 살기 위해서는 온갖 실패를 무릅쓰고 이렇게 노력하는데, 하물며 사람인 내가 조그마한 시련에 넘어져서야 되겠느냐. 내가 성공하려면 끝없이 노력하는 삶을 살아야겠다."

그래서 후일 그의 사업이 어려울 때마다 빈대의 끈질긴 그 모습을 떠올리면서 다시 노력함으로 오늘의 현대 그룹을 키울 수 있게 되었다는 이야기다.

근본 원인

68. 《수도꼭지 진단법》

　정신병원에서 환자를 정성껏 치료한 다음에 환자가 어느 정도 건강하게 되면 퇴원을 시켜 집으로 돌려보내게 된다. 이때 '이 사람을 돌려보내도 되는 것일까?' 하고 망설여질 때 환자의 정신 건강 정도를 가늠하는 시험 방법을 개발한 의사가 있었다.

　그것은 그 환자가 있는 방에 수도 장치를 해놓고 수돗물 꼭지를 적당히 열어놓는다. 수돗물이 졸졸졸 흘러내린다. 물이 흘러넘쳐서 방바닥에 물이 흥건하게 되면 환자에게 걸레를 주고 물을 닦으라고 한다. 이렇게 될 때 만일 정신적으로 건강한 사람이라면 수도 꼭지부터 먼저 잠근 다음에야 엎드려서 물을 닦는다. 이렇게 되면 퇴원할 수 있는 사람이다. 그러나 아직 미흡한 환자라면 수도꼭지는 돌아보지 않고 방바닥에 괴어 있는 물만 열심히 닦는다고 한다. 이런 사람은 집으로 돌려보낼 수 없는 사람이라는 것이다.

　정신적으로 건강한 사람은 근본 원인이 어디에 있는지, 어디서부터 잘못되었는지, 그 뿌리가 어디에 있는지를 깊이 추적하고 찾아

내는 것이다. 그리고 그 근본부터 고치려고 한다. 그런 후 좋은 결
과를 기다리는 것이다. 이런 사람이 건강한 사람이다.

긍정적인 사고

69. 《생각의 씨앗》

샌프란시스코의 한 사업가가 사업을 하다가 슬럼프에 빠져서 머피 박사를 찾아왔다.

"박사님, 나는 망할 거예요. 우리 회사의 미래는 어두워요. 우리 직원들은 다 게으르고, 믿을 수가 없고, 회사를 위해 희생하지도 않고, 모두가 자기만 챙깁니다. 우리 회사는 미래가 없어요. 어떻게 하면 되지요?"

그때 머피 박사가 말했다.

"선생님, 당신의 회사는 당신의 직원들이 어떠하냐에 따라 미래가 결정되는 것이 아니라 당신 생각이 어떠하냐에 따라 미래가 결정됩니다."

그리고 이렇게 써 주었다.

'우리 회사 직원들은 모두 성실하고, 회사를 사랑하며, 믿을만한 사람이다. 우리 회사 모든 직원은 회사 성장을 위해 노력하며 희생하는 진실한 사람들이다. 우리 회사는 미래가 있다. 우리 회사는

잘 될 수밖에 없다.'

매일 이것을 거울 앞에 서서 읽고 출근하라고 했다.

샌프란시스코의 사장은 거울 앞에 그것을 크게 붙여 놓고는 매일 읽었다. "우리 직원들은 귀하다. 믿음직하다. 신실하다. 모두 회사를 사랑한다. 회사 성장을 원한다."

날마다 그것을 읽고 회사에 갔다. 그러니까 회사 직원들이 모두 열심히 일하는 것 같고, 모두 좋아 보이고, 회사가 잘 되는 것 같이 느껴졌다.

일 년 뒤에 매상이 배로 올라가고 회사가 성장하자, 사장이 좋아서 머피 박사에게 편지를 보냈다고 한다.

기다림

70. 《모소》

　중국 동부의 한 농부가 자신의 농장에 대나무를 심고서 기다렸다. 첫해에는 아무것도 올라오지 않았다. 두 번째 해에도 역시 아무것도 보이지 않았다. 세 번째, 네 번째 해에도 마찬가지였다.

　하지만 다섯 번째 해가 되었을 때 수백 평방미터의 땅 밑에서 대나무 뿌리가 빽빽이 퍼져 있었고, 마침내 헤아릴 수조차 없는 수많은 대나무 싹이 지면을 뚫고 올라오기 시작했다. 마치 마술을 보는 것 같았다. 대나무들은 하루에 한 자가 넘게 자랐다. 불과 여섯 주 만에 대나무들은 15m 이상씩 키가 커졌다. 그래서 농부는 대나무들을 잘라다 팔아 큰 부자가 되었다.

　이 대나무는 중국 동부에 자라는 것으로 '모소'라는 것인데 싹을 내기 전에 뿌리가 사방 수십 미터까지 뻗어 나간다. 그래서 일단 싹을 내면 뿌리에서 보내 주는 거대한 양의 자양분 덕분에 순식간에 키가 자라는 것이다. 5년이라는 기간은 말하자면 뿌리를 내리기 위한 준비 기간인 셈이다.

71. 《밀물 때가 오리라》

카네기에게는 평생토록 간직하고 있는 그림이 하나 있었다. 대단한 그림도 아닌데, 그 그림은 신비한 용기를 주는 그림이었다. 그는 젊었을 때 외판원을 했는데 어느 노인의 집에 물건을 팔러 갔다. 노인과 대화를 하다가 벽에 걸려 있는 그림을 하나 보게 되었다.

해변의 모래 위에 고깃배가 박혀 외롭게 있는 그림이었다.

그는 중얼거렸다. "배가 자리를 이탈했구나! 배는 물 위에 있어야 아름답지."

그림 솜씨도 별로 신통치 않고 별로 큰 의미도 없어 그냥 지나치는데, 그림 밑에 이런 글귀가 있었다. "밀물 때가 오리라."

그는 그 글귀가 너무 감동적이어서 할아버지한테 그림을 달라고 졸랐다. 결국 할아버지한테 그림을 얻고 평생 그 그림을 간직했고, 인내심을 길렀다.

인생을 조급해하지 마라. 배를 수리하고 기름을 쳐라. 낙심하지 말고 그물을 깁고 배를 수리하고 마음의 준비를 해라. 반드시 밀물 때는 올 것이다.

기도

72.《오바마의 간증》

"믿음, 은총, 기도는 우리에게 생명의 양식을 가져다주는 것들입니다."

버락 오바마 미국 대통령이 자신의 기독교 신앙을 고백했다. 기도의 중요성도 강조했다. 그는 2010년 2월 4일 워싱턴 힐튼호텔에서 열린 연례국가조찬기도회 연설을 통해 "기도는 우리 마음을 겸손으로 채우고, 서로를 대하는 데 형제애를 갖게 해 주며, 기도를 통해 우리 모두가 하나님의 자녀라는 것을 깨닫게 된다. 기쁨과 평화, 번영이 이뤄지고 있는 시기에도, 특히 자기만족과 자만을 경계해야 할 때도 기도가 더욱 필요하다. 우리들 대부분은 하나님의 은총이 멀어졌을 때에야 하나님께 간구하는 경향이 있다. 대지진을 당한 아이티에서 하나님의 자비와 은총이 멀리 가버린 것처럼 보여도 나는 비극의 한 가운데에서도 하나님의 자비가 임재하고 계심을 믿는다. 그것은 지진 현장에서의 기도와 찬송 소리, 부서진 교회 옆에서의 노상 예배, 그들의 손에 들려 있는 성경책이다. 대통령직을 수행하면서 좌절감이 들 때 나에게 침착함을 유지하게 하고 마음에 평화를 주는 것은 신앙이다."라고 고백했다.

73. 《아이티 지진 속 생존자》

2010년 1월 12일 오후 3시 여대생 막스필론은 자기가 다니던 대학교에 도착하여 6층 강의실에 들어갔다. 회색 셔츠와 블랙진 차림이었다. 그녀가 강의실에 자리를 잡은 뒤 몇분 지나지 않아 건물은 심하게 흔들렸고, 그녀를 포함한 학생들은 문 밖으로 나가 계단 쪽으로 달려갔다. 그때 그녀 앞에서 크게 먼지가 일어나더니 큰 물체가 떨어졌다. 미국인 친구 미카였다. 그녀의 다리는 부러졌고, 머리에서는 피가 흐르고 있었다. 둘은 콘크리트 더미에 깔려 서로 엉긴 채 움직일 수 없었다. 휴대전화 LCD 조명이 유일한 불빛이었다. 그마저도 오래가지 못하고 온 세상은 암흑으로 변했다.

밖에서는 "여기에는 생존자가 없어요!"라는 절망적인 외침이 들려왔다. 그러나 그녀들은 포기하지 않았다. 트랙터와 불도저 소리로 낮과 밤을 표시하며 날짜를 계산했다. 번갈아 잠자리에 들며 끊임없이 "우리는 살아 있다"라고 외부에 소리쳤다. 소변을 모아 타들어 가는 입술을 적셨다.

또 팔론과 미카는 오후에 한 번, 잠들기 전 한 번, 하루에 두 번씩 기도를 꼭 올렸다. 팔론이 먼저 주기도문을 외우면 미카가 화답하는 형식이었다. 둘은 하나님이 자신들을 이런 곳에 보낸 이유가 있을 것이라고 굳게 믿고 있었다. 건물 더미 바깥에서는 팔론의 이복 언니인 캐롤린 조아세우스의 밤낮을 잊은 기도가 계속되고 있었다. 마침내 그로부터 6일 뒤인 1월 18일, 마침내 팔론과 미카는 극적으로 구조되었다. 팔론과 미카, 캐롤린 조아세우스의 기도가 하나님으로부터 응답된 것이다.

74. 《천안함의 신은총 하사》

서해안 초계함 천안함에 근무하게 된 신은총 하사는 당직 근무가 없는 일요일이면 승조원들을 모아 갑판에서 주일예배를 인도하기도 한 독실한 기독교 신앙인이었다. 2010년 3월 26일, 천안함이 불의의 사고 침몰하게 된 그 날도 신은총 하사는 천안함 상황실에서 당직을 서고 있었다.

그런데 당직 근무에 빠진 승조원들이 취침 준비를 할 때쯤 갑자기 "꽝" 하는 소리가 나면서 배가 크게 기우뚱거렸다. 신 하사는 소리가 난 뒤쪽을 돌아봤는데 함미가 보이지 않았다.

앉아 있던 의자가 순식간에 뒤로 넘어가면서 신 하사는 책상에 무릎을 크게 찧었다. 바닥에 쓰러진 그의 몸 위로 컴퓨터 본체와

모니터, 온갖 물건들이 떨어져 내렸다. 순간 신 하사는 정신을 잃고 말았다.

시간이 얼마나 흘렀을까, 신 하사의 얼굴에 얼음물처럼 차가운 바닷물이 튀었다. 안경이 벗겨져 흐려진 그의 시야로 보이는 것은 칠흑 같은 바다였다. 동료들은 배에 매달려 "살려 달라!" 하고 소리 질렀다. 신 하사는 움직여 보려 했지만, 허리가 아파 꼼짝할 수가 없었다.

죽음의 공포가 덮쳐왔다. 신 하사는 하나님께 기도했다.

"하나님 도와주세요. 대원들을 살려 주세요." 부르짖었다. 그 순간 누군가 기억나지는 않지만, 한 승조원이 다가와 팔을 버둥대는 신 하사에게 자신의 안경을 벗어서 씌워졌다. 씌워준 안경 너머로 얼굴이 피범벅인 정종욱 상사가 보였다. 그때였다. 어디선가 "염려하지 마라. 곧 구출해 주겠다." 하는 소리가 들렸다. 스스로 몸을 움직일 수 없었던 신 하사는 다른 승조원들이 먼저 구출된 뒤 거의 마지막으로 구조됐다.

75. 《아폴로 13호의 귀환》

오래전에 미국에서 아폴로 13호가 달나라를 향해 발사되었다. 그때 과학자들이 말하기를 "이 아폴로 13호는 모든 과학을 총망라

해서 만든 것이므로 아주 완전한 것이다. 그러므로 이것이 고장 날 확률은 백만분의 일이다."라고 자랑을 했다. 그런데 아폴로 13호가 지구를 떠나 2십만 마일 벗어났을 때 이상이 생겼다. 산소통이 터진 것이다. 더는 우주여행을 계속할 수가 없었다. 그때 우주 비행사들은 텍사스 휴스턴에 있는 우주 지휘소를 향해서 아폴로 13호가 고장이 났으니 어떻게 방향을 잡아야 돌아갈 수 있겠느냐고 물었다. 우주 지휘소에서는 창밖을 내다보면 북극성이 보일 것이니 북극성을 기점으로 돌아오도록 하라고 했다. 이제 이 우주 비행사들은 영원한 우주의 미아가 되는 위험에 빠졌다. 그때 미국에서는 대통령을 비롯한 전 국민이 오전 9시를 기해서 하나님 앞에 간절하게 기도했을 뿐만 아니라, 이를 지켜본 지구상의 수많은 우방국가 국민들도 함께 기도했다.

드디어 수많은 사람이 하나님께 올린 간절한 기도가 응답되어서 우주의 미아가 될 뻔했던 아폴로 13호가 지구로 무사히 귀환하는 기적이 일어났다. 아폴로 13호는 아무런 사고 없이 태평양에 떨어졌을 때 그 우주비행사들이 제일 처음으로 한 일은 대기하고 있던 군목과 손을 잡고 머리 숙여 하나님께 기도하는 장면이었으며, 주간 타임지 표지에 크게 게재되었다. 그 후 아폴로 13호의 우주 비행사였던 스위저트는 기자회견 석상에서 "우리들은 지구에 계신 여러분들과 함께 하나님께 열심히 기도했다. 기도의 힘으로 돌아왔다고 우리는 확실히 믿습니다."라고 간증했다.

76. 《기도의 위인들》

교회사에 나타난 하나님께 쓰임 받았던 사람들에게 공통적인 특성이 있었다. 그것은 바로 그들이 기도하는 사람들이었다는 사실이다.

마틴 루터는 하루에 두세 시간씩 기도했고, 바쁜 날은 한 시간더 기도했다고 한다. 기도하지 않는 날은 승리가 마귀에게 돌아가기 때문이다. 루터는 너무 기도를 많이 해서 친구들이 건강을 염려할 정도였다. 그러므로 그는 암흑시대의 죽어 가는 교회를 살리는 믿음의 주역이 되었다.

요한 웨슬레는 새벽 4시에 두 시간씩 기도하고, 수요일과 금요일은 규칙적으로 금식기도를 했다. 그를 지켜본 사람이 말하기를 "그는 다른 모든 사람보다 기도를 중요시했다. 그리고 나는 그가 빛을 띤 청명한 얼굴로 기도실에서 나오는 것을 종종 보았다."라고 했다.

무디는 기도하므로 영적 침체에 빠진 미국을 변화시켰다.

요한 웨슬레의 기도는 잠자는 영국을 일깨웠고, 세계 2차 대전의 영웅 맥아더 장군은 기도로 승리한 사람이었다.

고아의 아버지로 세계에 알려진 죠지 뮬러는 97세의 긴 생애를 통해 5만 번의 기도 응답을 받았다.

죤 라이즈는 "세계를 지배하는 손을 움직이는 것이 바로 기도다."라고 했다.

사무엘 챠드윅은 "마귀의 최대 관심은 성도의 기도를 방해하는 것이다. 기도 없는 연구, 기도 없는 사업, 기도 없는 신앙을 두려워하지 않는다. 그는 기도 없는 지혜를 경멸한다. 그러나 기도할 때 가장 두려워한다."라고 했다.

루터는 "기도는 노동이다."라고 했다.

77. 《초대 국회》

한국의 제헌국회는 간절한 기도로 시작했고 한국의 첫 헌법은 그 기도의 정신을 바탕으로 만들어졌다. 그리고 그 기도의 정신은 면면히 이어져 한국의 헌법수호에 큰 힘을 보태왔다.

1948년 5월 31일 대한민국 초대 국회가 열리던 날, 당시 임시회장을 맡은 이승만은 엄숙한 표정으로 의장석으로 올라섰다. 그리고 그는 "대한민국 독립민주국 제1차 회의를 열게 된 것을 하나님께 감사한다."라면서 "하나님께 대한 기도로 첫 국회의 첫 회의를 시작하자."라고 전 국회의원들에게 제의했다. 그리고는 당시 의원들 중 유일하게 목사 신분이었던 이윤영 의원에게 대표기도를 부탁했다.

이 의원은 지체 없이 발언대로 올라가 전체 의원들이 기립한 가운데 기도를 시작했다. 그의 기도는 준비되지 않았지만, 내용만큼은 오랫동안 공들인 듯 간결했고 다른 의원을 감동을 주기에 충분했다.

"이 우주와 만물을 창조하시고 인간의 역사를 섭리하시는 하나님이시여, 이 민족을 돌아보시고 이 땅에 축복하셔서 감사에 넘치는 오늘이 있게 하심을 저희는 성심으로 감사하나이다."라며 극진한 감사로 시작한 기도는 남북으로 갈라진 민족의 통합과 평화에 대한 간절한 기원을 담았다.

아울러 기도는 다시 이어졌다. "하나님 아버지! 역사의 첫걸음을 걷는 오늘 우리의 환희와 감격에 넘치는 이 민족적 기쁨 다 하나님께 영광과 감사를 돌리나이다. 이 모든 말씀을 주 예수 그리스도 이름을 받들어 기도하나이다."라고 마무리했다.

이렇게 기도로 개원한 첫 국회는 한 달 보름여의 진통을 겪은 뒤 마침내 7월 17일 대한민국 첫 헌법을 이 세상에 드러냈다. 이후 이 기도의 정신은 한국 헌정사에서 올바른 법 개정과 제정에 크게 기여했다. 그 후로 지금까지 많은 크리스천 의원들이 끊임없이 국회로 들어가 제헌국회 때의 기도 정신을 받들면서 하나님의 공의를 지키기에 노력했다.

78. 《승리의 힘》

미국이 독립 전쟁을 할 때, 워싱턴이 총사령관이었다.

1777년 겨울이었다. 영국군과 격전을 벌인 곳이 필라델피아의 가까이 있는 뉴저지의 벨리 포지다. 여기서 한 해 겨울에 얼어 죽고 굶어 죽은 군사가 6,000명이 넘었다고 한다. 병사들은 병으로 죽어가고 부상병들은 온 거리를 메웠다. 식량도 탄약공급도 저조하여 도저히 그 전쟁에서 이길 승산이 없었다. 그러나 워싱턴은 그 시간에 하나님께 기도드렸다. 사력을 다해서 기도 드렸다. 그러자 기적이 일어났다. 전세가 회복되고 워싱턴 군대가 사기가 충전하여 대승리를 거두게 된 것이다.

조지 워싱턴의 비서로 있던 루이스라는 사람이 후에 이런 글을 썼다.

'나는 매일 조지 워싱턴을 만나러 아침저녁으로 들어갑니다. 그런데 그때마다 워싱턴은 아무것도 없는 책상에 성경을 펴놓고 읽다가 가만히 앉아 있는 모습을 매일 보곤 했습니다.'

그는 아침저녁으로 하나님의 음성을 듣고 하나님 앞에 기도하는 워싱턴이었다. 그래서 벨리 포지에 가면 조지 워싱턴의 동상을 만들 때, 철모도 벗어 놓고 칼도 옆에 놓고 기도하는 모습이 있다. 이 동상은 미국이 독립한 것은 철모의 힘이나 칼의 힘도 아니고 하나님께 기도해서 독립했다는 것을 보여 주는 것이다.

79.《갈매기 떼》

미국의 펜실베이니아주는 갈매기가 주를 상징하는 새다. 그 배경을 알고 보면 다음과 같은 이야기가 전해진다. 펜실베이니아 지역으로 이주해 온 청교도인들이 벼농사를 짓고 드디어 수확기가 되었는데, 어느 날 헤아릴 수도 없는 많은 메뚜기 떼가 밭에 날아와서 갉아먹기 시작했다. 손을 쓸 수 없을 만큼 많은 떼가 몰려와서 도리가 없었다. 주일도 아닌데 교회 종을 울리고, 사람들이 다 모이자 종을 친 장로님이 "여러분, 우리 모두 하나님께 기도합시다. 합심해서 하나님의 도우심을 간구합시다."라고 호소하므로, 청교도들이 한마음으로 간절히 기도했다.

그런데 그들이 합심 기도를 마칠 무렵 갑자기 밖에서 시끄러운 소리가 들리므로, 무슨 일인가 하여 밖에 나가 보니, 헤아릴 수 없이 많은 갈매기 떼가 몰려온 것이다. 굶주린 갈매기들은 메뚜기 떼를 남김없이 잡아먹었다. 그리고는 그곳에다 똥까지 싸고 떠났다. 청교도인들은 메뚜기 걱정도 덜고, 갈매기들이 거름을 잘해 놓고 가니까 이듬해 농사까지 풍작이었다. 그들은 기도에 응답하신 하나님의 놀라운 기적을 체험하고 그 이후로 갈매기를 펜실베이니아 주를 상징하는 새로 정했다고 한다.

80. 《존 브렌츠》

존 브렌츠라는 사람이 살고 있었다. 이 사람은 종교 개혁자 마틴 루터의 친구이자 또한 용감한 종교 개혁자들 중의 한 사람이었다. 그는 종교개혁에 반대하여 수많은 성직자를 죽이고자 했던 스페인 왕 찰스 5세의 미움을 받게 되어 체포당하기에 이르렀다.

어느 날, 스페인의 왕실 기병들이 그를 체포하기 위하여 오고 있다는 소식을 듣자 그는 하나님께 기도하기 시작했다. 그때 너무나도 강한 음성이 자신의 마음으로부터 들려왔다.

"빨리 빵 한 조각을 갖고 아랫마을로 내려가거라. 거기서 문이 열려진 집을 발견하면, 그 집 지붕 밑으로 숨어라." 하는 음성이었다.

존은 강력하게 마음으로 지시받은 대로 아랫마을로 내려가 문이 열린 집을 발견하고 그 집 다락에 몸을 숨겼다. 이후 수색은 계속되었지만, 존이 있는 곳까지는 수색이 미치지 않았다. 존이 집을 나설 때 가져 나온 빵 한 조각은 결코 여러 날의 양식이 될 수는 없었다. 그러나 존은 그곳에서 여러 날 동안 생명을 유지할 수 있었던 일이 생겼다. 존 브렌츠가 다락에 숨어 지내는 동안 아침마다 기도했는데 아침 기도를 마치면 어디서 나타났는지 모르지만, 암탉 한 마리가 다락방으로 올라왔다. 그리고는 아무런 소리도 내지 않으면서 계란을 하나씩 낳는 것이었다.

그러한 현상은 매일 한 번도 그치지 않고 계속되었으며, 결국 존 브렌츠는 알 수 없는 암탉이 매일 낳아 주는 달걀을 먹고 간신히 목숨을 연명할 수 있었다. 그러던 어느 날 닭은 더 이상 올라오지 않았다. 기이하게 여긴 그는 바깥 동정에 귀를 기울였다. 거리에 있던 사람들은 병사들이 마침내 모두 다 떠나버렸다고 말했다. 그리하여 존은 아무 탈 없이 그 다락방에서 나오게 되었다. 그리고 그는 이렇게 고백했다. "지금까지 나를 지켜 준 것은 아침마다 하나님께 올린 기도의 결과다."

81. 《치즈왕 크래프트》

세계적인 치즈 제조업자 크래프트는 처음에 치즈를 마차에 싣고 팔았다. 그러다가 트럭에 싣고 팔았고, 그 후 치즈 공장을 세웠으며, 치즈 제조업자로 대성하고, 결국 치즈왕이라는 별명까지 붙게 되었다. 어떤 사람이 그에게 그토록 성공할 수 있었던 비결이 무엇이냐고 물었다.

"네, 저는 매일 치즈를 팔러 나가기 전에 먼저 하나님께 기도했으며, 매일 먼저 기도하고 치즈를 만들고 있습니다. 날마다 기도했더니 날마다 하나님께서 지혜를 주셨고 그대로 모든 일을 하였더니 복을 부어 주셨습니다."라고 대답했다.

마음을 강하게 하는 이백열세 가지 이야기

82. 《소를 파신 하나님》

  미국의 달라스신학교는 1924년에 설립되었으나 얼마 가지 않아 학교가 거의 문을 닫게 되었다. 학교는 재정난으로 파산 선고를 내려야 할 지경에 이르렀다. 이제는 어느 날 정오에 채권자들이 와서 차압하기로 되어 있었다. 그래서 그 날 아침 그 학교를 설립한 사람들이 총장실에 모여서 하나님이 해결해 주실 것을 믿고 기도회를 열었다. 해리 아이언 사이드 박사가 기도했다. 그는 솔직한 그의 성격대로 기도하였다.

  "하나님 아버지! 저희는 수많은 언덕 위의 소 떼도 다 당신의 것임을 압니다. 그것들을 팔아서라도 저희에게 돈을 좀 보내 주십시오."

  그 기도회 후 한 키 큰 택사스 사람이 달라스 신학교에 찾아왔다. "안녕하십니까? 저는 차 두 대 분의 소를 팔았습니다. 그것으로 사업을 할까 생각해 보았지만, 잘 이루어지지 않았습니다. 하나님께서 이 돈을 달라스 신학교에 기부하기를 원하신다는 느낌을 받았습니다. 이 돈이 필요한지 어떤지는 모르겠습니다만 여기 수표가 있습니다."

  비서는 그 수표를 받아서 총장실로 들어갔다. 총장 루이스 스패리 췌이퍼 박사는 수표의 액수를 보니 이 학교가 빚지고 있는 정확한 그 금액이었다. 총장은 외쳤다. "해리 박사, 하나님께서 그 소들을 파셨네!"라고.

83. 《김인찬의 소원》

전북에 사는 김인찬은 14세 때 완전히 눈이 상하여 앞을 볼 수 없는 맹인이 되었다. 그로부터 10년 동안을 방안에 처박혀 살았다. 그러다가 25세 때 아버지가 소를 사 주어서 소를 기르며 살았다.

그리고 동네에서 전도하여 교회를 다니게 되어 두 가지 소원을 빌었다. 하나는 결혼하는 일이요, 다른 하나는 눈을 뜨게 해달라는 소원이었다. 두 가지 다 쉽게 해결될 문제는 아니었다. 맹인이 눈을 뜨는 일도, 맹인이 결혼하는 일도 쉽지 않은 일이다.

그런데 37세가 되어 두 가지 소원 중에서 하나가 이루어졌다. 교회에서 주선하여 중국교포와 결혼하게 되었고, 세 아이를 낳은 것이다. 그리고 다른 하나의 소원도 이루어지게 되었다. 한 번은 특별한 기회가 주어져서 서울성모병원에서 눈을 정밀 검사하게 되었는데, 다행히 시신경이 살아 있어서 눈을 수술하면 앞을 볼 수 있다는 진단이 나왔다. 그리하여 수술이 성공적으로 이루어져서 김인찬의 소원이 이루어진 것이다.

84. 《보초의 투구》

한 번은 이스라엘 군대가 이방 요새를 공격하기 시작했다. 그런데 이 요새는 얼마나 단단했던지 도저히 공격할 수가 없었다. 길이 보이지 않았다. 캄캄한 밤에 그 이스라엘 군대가 바로 성벽 밖에서 그 숲속에 무릎을 끓고 하나님 앞에 기도를 드렸다.

"하나님 이 성을 하나님 이름으로 정복하기 원하는데 비밀 통로가 없습니다. 어떻게 하면 이 성문을 들어갈 수가 있습니까? 통로를 보여 주옵소서."

간절히 기도하고 있는데 마침 성벽 위에는 한 보초가 졸고 있었다. 기도가 계속되는 순간에 그만 고개를 끄덕이다가 이 보초의 투구가 밑으로 떨어지고 말았다. 이 적막한 밤에 투구 떨어지는 소리가 온 사방에 퍼졌다. 이 병사가 고개를 들고는 주변을 살폈다. 그리고는 비밀 통로를 통해서 쏜살같이 밖으로 나왔다. 그리고 다시 투구를 뒤집어쓰고 성문 안으로 들어갔다. 그리하여 그들은 그 성의 비밀 통로를 알게 되었고, 무사히 그 성안으로 들어가 성을 정복할 수 있었다.

85. 《모니카》

어거스틴의 어머니 모니카는 아들이 잘못된 길에서 돌아오기 위하여 애쓰며 눈물로 10년이 넘게 하나님께 애원했다.

그러나 아들 어거스틴의 생활에는 아무런 변화가 나타나지 않고 오히려 더 심해지고 있었다. 모니카는 낙심했다. 한 번은 너무 속이 상하고 안타까워서 암브로스 감독을 찾아가서 아들의 심령을 위해 호소하면서 흐느껴 울었다.

"신부님, 제 아들 어거스틴을 하나님께서 영원히 버리신 것 같아요. 제가 아무리 오랜 세월 동안 제 아들의 심령을 위해 기도드렸지만 하나님은 제 기도에 아무런 응답이 없으십니다. 제 아들이 돌아오기를 10년이 넘게 애타게 기도했습니다. 내 아들의 생활에는 아무런 변화가 없고 오히려 더해 가는 것 같습니다. 신부님, 저는 어떻게 해야 합니까?" 하면서 신부 앞에서 울음을 그치지 못했다.

이때 눈물을 흘리며 애타는 심정으로 호소하는 어거스틴의 어머니 모니카의 모습을 가만히 지켜보고 있던 암브로스 감독은 조용히 입을 열어 말했다.

"자매님, 너무 염려하지 마십시오. 절대로 낙심하지 마세요. 눈물로 기도하는 어머니가 있는 아들은 절대로 망하지 않을 것입니다. 계속 기도하세요."

암브로스 감독의 격려의 말에 힘을 얻은 모니카는 계속 하나님께 기도드렸다. 그 결과 어거스틴이 회개하고 하나님께 돌아오게 되었고 우리 기독교 역사상 빛나는 인물이 되었다.

86. 《도널드 웨버》

한 비행사 출신인 선교사 도널드 웨버의 간증이다.

그는 개인용 비행기를 가지고 아마존의 밀림 지대를 다니면서 복음을 전하곤 했다. 그는 늘 비행기를 타고 목적지에 갔다가 다시 집으로 돌아오곤 했다.

그러던 어느 흐린 날이었다. 집으로 돌아가면서 하늘을 보았다. 먹구름이 끼고 바람에 옷자락이 펄럭거렸다. 그는 서둘러서 지금 비행을 하면 아내와 자식이 있는 곳으로 돌아갈 수가 있으리라 확신했다. 그는 아주 급하게 조종석에 올라타고 비행을 시작했다. 처음에는 순조로웠다. 기체가 바람에 조금만 흔들릴 뿐이었다. 그런데 폭우가 쏟아지면서 위태롭게 되었다. 사방에서 깜깜한 먹구름이 몰려드는 것이다. 비행기는 먹구름을 피해 위로 올라가려 했으나 기류에 휩싸여 올라가다가는 다시 뚝 떨어지는 것이다. 비바람을 이기지 못하고 흔들거려 앞을 내다볼 수가 없게 되었다. 파도처럼 밀려오는 구름 때문에 아래 땅의 지형도 보이지 않았다. 땅이 보여야 어딘지 구별을 하는데 안 보였다. 구름에 휩싸인 것이다. 그래서 순간적으로 그는 안 되겠다는 생각이 들어서 한가지 희망을 품고 처음의 활주로로 돌아가려고 했으나 폭풍우와 구름 때문에 앞을 볼 수가 없었다. 그 순간 그는 위기 가운데 하나님께 기도를 드렸다.

"하나님 내 생명은 당신의 손안에 있습니다. 도와주소서."

그리고 추락하면 죽을지 모른다는 생각에 마음의 준비를 단단히 했다. 그런데 갑자기 어떤 소리가 들리는 듯하면서 무거운 담요를 덮듯이 구름이 한데 뭉쳐서 옆으로 걷히는 것이다. 그리고 그 사이로 하늘에 밝은 구멍이 나타났다. 그 구멍으로 땅을 내려다볼 수가 있었다. 그는 그 구멍을 보면서 홍해를 건너는 이스라엘 백성의 기적을 생각하면서 그 구멍을 향해 돌진했다. 잠시 후 그는 활주로를 발견하고 안전하게 착륙했다. 그리고 비행기에서 나와서 "하나님 감사합니다." 하고 하늘을 보았는데 조금 전에 보인 구멍은 보이지 않고 먹구름만 보일 뿐이었다. 하나님께서 비상 섭리를 발동하사 그를 구해 주신 것이다.

87.《죠지 뮬러》

독일 사람인 죠지 뮬러는 선교사가 되기 위해 영국에 건너가서 영어를 공부하고 있었다. 그 당시 영국은 농경시대에서 산업사회로 바뀌는 산업혁명 시대였기 때문에 거리에는 거지와 고아가 가득했다.

하루는 죠지 뮬러가 구약성경에 있는 시편을 읽다가 "하나님은 고아의 아버지시며 과부의 재판장이시라.(시68:5)"는 말씀에서 "어느 부모가 자식을 먹이고 입히지 않겠는가. 하나님께서 고아의 아버지이시므로 그들을 먹이고 입히고 교육하는 것은 하나님 아버지께서 하실 일이다. 그렇다면 나는 고아원의 총무를 하면 되겠구나."라는 생각을 하게 되었다. 그 길로 그는 선교사가 되려는 생각을 바꾸고 고아들을 돌보기 시작했다. 그 결과 영국의 브리스톨에 역사상 가장 큰 고아원을 세우고 2천 명의 고아들을 돌보며 교육시키고 결혼까지 시킨 역사적인 고아의 아버지가 되었다.

그는 일평생 5만 번의 기도 응답을 받았다고 한다. 93세까지 살면서 그렇게 많은 기도의 응답을 받았다. 그는 기도할 때 노트에다 적었다. 몇 월 며칠 5,000만 원을 구함, 몇 월 며칠 응답 받음, 하는 식으로 계속 기록했기 때문에 몇 번 응답 받았는지 알 수 있었다.

기도의 구체성을 확실히 가지기 위해서는 기도 노트가 필요하다는 것이다. 죠지 뮬러는 대개 기도를 먼저 하지 않고 성경을 먼저 읽었다. 성경을 읽다가 하나님의 약속의 말씀이 나오면 그 말씀을 붙잡고는 "하나님 아버지 여기에 약속하셨네요. 이 말씀대로 지금 제게 필요합니다." 하며 어린아이처럼 단순하게 기도했다는 것이다. 그것도 주실 때까지였다.

죠지 뮬러는 어려울 때도 절대로 사람 앞에 가서 걱정하지 않기로 작정했다. 더욱 철저히 하나님만 의지하기 위해서다. 그래서 그는 하나님의 약속을 붙잡고 간구했더니 때에 따라 필요를 채워 주셨다.

88. 《3초의 기도》

레이머는 미국의 물리학 박사다. 한번은 자가용 비행기를 몰고 학술 강연을 가던 중 기계 작동이 정지하였다. 비행기가 하강하면서 추락할 지경에 이르렀다. 그때 레이머는 3초의 기도를 하였다.

"하나님 살려 주세요. 열심히 주를 섬기겠습니다."

그런데 비행기가 땅에 닿을 순간에 갑자기 위로 상승하는 것이다.

옆에 보니 예수님께서 기계를 작동하고 계셨다.

그후 레이머 박사는 '나는 주님과 함께'의 슬로건으로 평생을 살았다. 우리가 감당할 수 없는 순간에 주님은 우리에게 다가오셔서 추락하는 삶의 기수를 올려 주신다. 그리하여 레이머 박사는 가는 곳마다 "3초의 기도가 필요합니다."라고 간증했다.

89. 《존 뉴턴(John Newton)》

우리가 즐겨 부르는 찬송가 305장 「나 같은 죄인 살리신」 곡을 작사한 존 뉴턴은 아프리카의 흑인들을 잡아다가 노예 상인들에게 팔아넘기는 일을 했다. 그는 살아있는 노예들을 상어에게 먹이로 주고도 눈 하나 깜짝하지 않는 악한 사람이었다. 존 뉴턴의 어머니는 그러한 아들을 위해 끊임 없이 눈물로 기도하였다.

어느 날 뉴턴이 대서양을 항해하는데 큰 폭풍우가 몰아쳐 배는 침몰 상태가 되었다. 그때 뉴턴은 어릴 적 어머니의 기도를 떠올리면서 하나님께 기도를 드렸다.

"내 어머니의 하나님이시여 저의 모든 죄를 용서하여 주시고 저에게 단 한 번만 기회를 주시옵소서 저를 이 죽음에서 구해 주시면 내 일생을 주님께 바치겠습니다."

이 기도가 끝나는 순간 그렇게 무섭던 풍랑은 잠잠해졌고 뉴턴은 새로운 사람이 되었다. 한 어머니의 중보 기도가 위대한 복음 전도자를 만들어냈다.

90. 《버다 스미스》

버다 스미스라는 중국의 여선교사가 선교 사명을 감당하기 위해 인력거를 타고 중국의 원주민 촌에 들어갔던 일화가 있다. 그녀는 열악한 환경 속에서 하나님께 이렇게 기도했다.

"주님 저는 응석받이 어린아이입니다. 저는 일생 화려한 집에서 살며 맛있는 음식을 먹고 고생을 모릅니다. 그런데 지금 파리 떼가 덮힌 음식은 먹을 수 없습니다. 그 옛날 하나님은 한마디 말씀으로 애굽에 파리 떼를 일으키시고 또 물러가게도 하셨습니다. 옛날이나 오늘이나 한결같으신 하나님 이제 두 가지를 구하오니, 그 가운데 하나를 반드시 들어주시옵소서. 파리 떼를 모두 쫓아 주시든지 아니면 저에게 인내심을 주사 파리 떼에 개의치 않고 음식을 맛있게 먹을 수 있도록 해 주옵소서. 그런 경우 파리 떼가 전염시키는 세균에 대해서는 주님께서 책임져 주셔야 합니다. 그러나 주님께서 어떤 선택을 하시든 저는 감사히 여기겠나이다. 아멘."

과연 하나님께서는 어떤 결정을 내리셨을까?

그녀는 후에 이렇게 말했다. "그 후 외양간에는 파리 한 마리도 보이지 않았습니다."

91. 《기도하는 두 손》

알베르트 뒤러와 그의 친구는 화가 지망생이었다. 하지만 가난한 그들에게는 붓도, 종이도 없었고 더군다나 좋은 스승을 찾아가 배움을 청할 수는 더욱 없었다. 그러나 그들이 그림공부를 하고자 하는 향학열은 너무나 뜨거운 것이었기에 그림 공부를 포기할 수는 없었다.

알베르트와 그의 친구는 오랫동안 궁리를 했다. 그러나 별 뾰족한 수가 없었다. 그러던 중 알베르트의 친구가 이런 제의를 했다. "내가 돈을 벌어서 자네에게 학비를 보낼테니 자네는 그동안 열심히 공부하게나, 그래서 자네가 성공하여 돈을 벌게 되면 그때 내가

마음을 강하게 하는 이백열세 가지 이야기

공부해도 늦지는 않을 테니까 말야."

알베르트는 어서 미술공부를 하고 싶은 터라 앞 뒤 생각할 겨를도 없이 그렇게 하기로 했다. 그리하여 알베르트는 도시로 나가서 미술공부만 하였고 그의 친구는 학비를 벌기 위해 열심히 일을 했다.

어느덧 세월이 흘러 알베르트는 훌륭한 화가가 되어 그의 친구를 자기가 사는 도시로 불렀다. "이제 자네 차례야. 이젠 내 그림도 비싸게 팔 수 있으니 자네의 학비를 벌기에는 충분해. 이제 일은 그만하고 그림 공부에만 신경을 쓰게나."

이제 알베르트의 친구도 그렇게도 바라던 그림공부를 하게 된 것이다. 그러나 그에게는 새로운 좌절의 순간이 왔다. 그것은 그가 알베르트의 학비를 벌기 위해서 고운 일, 거친 일, 일거리를 가리지 않고 마구 일한 탓으로, 그림을 그리기에 섬세해야 할 손이 굳어져 있었기 때문이었다. 알베르트의 친구는 고뇌속에 빠졌다.

"내가 먼저 공부하겠다고 할 것을…" 하고 후회도 했다. 그리고 알베르트가 밉기도 했다. 하나님이 원망스럽기도 했다. 그러나 그는 머리를 흔들었다. 그리고 친구 알베르트를 미워하지 않을 수 있도록 하나님께 기도했다.

"하나님, 나는 이제 그림을 그릴 수 없게 되었습니다. 나의 이 손은 그림을 그리기에는 너무나 딱딱한 손이 되었습니다. 나는 이제 이 손을 마음대로 할 수 없습니다. 그러나 나는 내 손 보다도 내 마음을 더 마음대로 못 하겠습니다. 내 마음은 알베르트를 원망하려 합니다. 나로 하여금 내 친구를 원망하지 않는 마음이 되게 하소서…."

알베르트의 친구는 막일로 인해 굳어진 두 손을 모으고 눈물을 흘리며 기도하고 있었다. 그런데 친구의 공부하는 모습을 보기 위해 친구를 찾아왔던 알베르트는 친구의 방 안에서 이상한 흐느낌 소리를 듣고 가만히 문틈으로 이 장면을 보았던 것이다. 알베르트는 친구의 고통스러운 모습, 그러면서도 친구를 원망하지 않으려는 기도 소리를 듣고, 두 눈에 흐르는 눈물을 막을 수가 없었다. 친구의 방문을 두드릴 용기가 나지 않았다. 가슴은 터질 것만 같았다. 식당 한쪽 구석방에서 자기를 위해서 중보기도 하고 있는 친구를 바라보는 순간, 알베르트의 눈에는 눈물이 고였고 가슴에서부터 하염없이 흘러내렸다. 그리고 그의 마음속에 놀라운 영감이 떠올랐다. 친구의 저 손을 그려야겠다는 생각이 들었다. 친구의 그 두 손은 위대한 힘 자체였다. 비록 고된 식당 일로 거칠어진 손이었지만, 그 손에는 정말 많은 이야기가 담겨 있었다.

그래서 그는 집으로 마구 달려왔다. 그리고 붓을 들고 그림을 그리기 시작했다. 그림에 혼이 들어가고 친구에 대한 사랑이 들어갔다. 그리하여 알베르트의 〈기도하는 두 손〉은 수많은 사람들을 감동시키는 세계적인 명화로 탄생된 것이다.

92. 《앞마당의 희귀버섯》

1880년 시카고에서 태평양 선교회가 설립될 때의 일이다. 조지와 사라 부부는 악명 높은 건달들이 우글거리던 태평양 맥주집을 월세로 얻었다. 조지와 사라는 맥주라는 간판의 글귀를 지우고 선교회라는 글을 붙였다. 상처받고 소외되어 뒷골목을 배회하는 부랑자들을 위한 선교가 시작된 것이다. 처음 몇 년간 그들은 자비로 월세를 지불했다. 하지만 시간이 지나면서 재정적인 난관에 봉착했다. 월세를 지불할 날이 돌아왔지만 더 이상 돈이 없었다. 조지와 사라 부부는 잠을 이룰 수 없었다. 두 사람은 밤새 기도했다. 그들은 황량한 거리를 배회하는 불행한 사람들을 생각하며 하나님께 매달렸다.

어느날 아침이 밝았다. 집을 나서던 두 사람은 숨이 막힐 듯 놀랐다. 마당에 흰 담요가 깔린 듯 허연 것들이 돋아 있었다. 가까이 가서 확인해보니 최고품으로 치는 희귀버섯이 여기저기 돋아 있었던 것이다. 버섯 철이 되려면 아직도 멀었는데 고가의 버섯들이 마당 수북이 돋아난 것이다.

조지는 그것을 거두어 팔았고 그때 받은 돈으로 집세를 지불하고 남을 정도였다. 후에 사라는 그 일에 대해 이렇게 말했다.

"그 후 우리 집 앞마당에는 더 이상 버섯이 나지 않았습니다."

93.《흙더미 속에서》

매사추세츠주에 사는 어떤 용접공 한 사람이 그 도시에서 30리 떨어진 곳에 하수도 송수관을 묻는 공사에서 용접 일을 맡아 하게 되었다. 그런데 어느 날 같이 일하던 사람들이 다 가버린 후 혼자서 용접을 하다가 흙이 무너져 완전히 묻혀 버렸다. 다행히 용접 마스크를 쓰고 있어서 무너져내린 흙더미 속에서 숨만 간신히 쉴 수가 있었다. 그러나 사방에서 압력이 가해지니 코에서 피가 나오고, 눈이 뒤집히고, 숨이 막히고, 심장이 답답했다. 해는 이미 졌다. 30리나 떨어져 혼자 공사를 하다가 그렇게 되었으니 어떻게 할 수 있겠는가.

그러나 이 사람은 평생에 기도가 의식화되어 있던 사람이었다. 그는 '하나님, 살려 주십시오. 누구를 좀 보내 주십시오.'라고 기도하면서 의식을 잃었다.

그 무렵 그의 친구인 트럭 운전사가 몇십 리 밖에서 일을 끝내고 오는데 느닷없이 자기 친구 생각이 났다. 그래서 친구가 일하던 곳에 가보았으나 아무도 없고 흙더미만 무너져 있는 것이 아닌가? 그래서 이를 이상히 여긴 그가 주변을 자세히 살펴보다가 사람의 손이 나와 있는 것을 발견하게 되었고, 드디어 흙더미 속에 친구를 구조하게 된 것이다.

94. 《기관사 칸트》

칸트라는 미국 남부 철도회사에 다니는 기관사가 있었다. 그는 신실한 집사였다. 그를 몹시 사랑하는 목사님이 계셨다. 그 목사님은 칸트가 통행하고 있는 아름다운 역 부근의 산장에서 묵게 되었다. 칸트는 목사님이 묵고 있는 부근을 지날 때마다 반드시 경적을 울렸다. 그것은 "목사님 저를 위해서 기도해 주십시오." 하는 신호였다. 자신도 가면서 기도하겠다는 신호였다. 목사님은 그럴 때마다 기도했다. 며칠 후 그 기차가 큰 사고를 냈다. 그때 상황을 이해할 만한 보도가 남아 있다.

'열차 사고치고는 대사고였다. 그러나 한 사람도 치명적인 상을 당하지 않았다. 그것은 다른 무엇으로도 설명할 수 없는 기적이다.'

95. 《최후의 보루》

6·25 때 우리가 낙동강까지 밀려갔을 때 강만 건너면 부산을 점령당할 때였다. 그때 한국전쟁이 터진 지 나흘째로 이미 한강 이북은 인민군이 점령한 상태였다. 그리고 순식간에 당시 전선은 낙동강까지 밀리고 있었다. 그때 부산에 피난을 가 있었던 이승만 대통령이 한국교회 성도들에게 하나님 앞에 기도하자고 했다. 목회자

들과 교인들은 합심하여 기도했다. 당시 부산에는 피난한 300명의 목사가 있었다. 300여 명의 목사가 모여서 간절히 기도를 시작했다. 드디어 하나님께서 그 기도를 들으사, 우리 민족을 흑암 가운데서 건져 주셨다.

낙동강 상공은 장마철임에도 불구하고 맑은 날이 되어서 UN군의 폭격기가 방어선을 넘어오려는 공산군에게 커다란 타격을 주었다. 그리하여 방어선을 지키고 있는 동안 인천 상륙 작전이 성공을 해서 전세를 뒤집을 수 있었다.

96.《동굴과 거미줄》

스코틀랜드에 한참 종교적인 박해가 있을 때 한 무리의 청교도들이 산으로 피신을 하고 있었다. 이 사실을 안 왕의 군대가 이들을 체포하려고 전력을 다해서 추격하고 있었다.

청교도인들은 산 중턱에서 입구가 아주 좁은 동굴을 발견하고 들어가 보았더니 동굴 안쪽은 무척 넓어서 피신하기에 안성맞춤이었다.

그런데 왕의 군대는 청교도인들이 숨어있는 동굴 쪽으로 계속해서 거리를 좁혀오고 있었다. 이 동굴이 발견된다면 그들은 꼼짝없이 체포되어서 목숨을 잃어버릴 수밖에 없었다. 동굴 안에서 점점 죽음의 순간이 다가오는 가운데 청교도인들은 기도하는 일 밖에는 할 수 있는 일이 없었다. 그래서 하나님 앞에 사력을 다해서 기도했다. "하나님 이제 우리가 잡혀서 죽게 되었습니다. 하나님 우리의 기도를 들으사 우리를 도와주시고 지켜 주셔서 이 위기를 모면하게 하여 주시옵소서!" 필사적으로 하나님 앞에 기도드렸다. 그런데 그 때 어디서 나왔는지 거미 몇 마리가 나와서 동굴 입구에서 거미줄을 열심히 치기를 시작하더니 얼마 후에 동굴 입구는 거미줄로 막혀 버리고 말았다. 그리고 얼마 후에 왕의 군대가 그 동굴 앞에 도착했다. 그리고 군대 책임자가 병사에게 명령했다. "동굴에 들어가서 수색해라!" 그 명령을 받은 병사가 그 동굴 입구까지 가서 보니까 동굴 입구에 거미줄이 꽉 처져 있는 것을 바라보고, 보고했다. "입구에 거미줄이 처져 있는 것을 보니 아무도 들어가지 않은 것 같습니다. 그러니 이 안에는 없는 것 같습니다."

그리하여 왕의 군대는 그 동굴을 그냥 지나치게 되었고, 청교도인들은 무사히 생명을 건질 수가 있었다.

97. 《비행사 파제》

파제는 영국인 비행사였다. 어느 날 그가 혼자 비행하고 있을 때의 일이다. 기관실에서 쥐가 바시락거리는 소리가 들렸다. 비행장이 있는 곳까지 가려면 아직도 멀었는데 보통 큰일이 아니었다. 쥐를 처치하지 않으면 쥐가 기관 고장을 일으켜 자기 생명을 뺏어갈 판국이었다.

그는 비행기를 속히 급강하시켜서 안착시키려고 노력했다. 그리고 하나님께 기도를 드렸다. "하나님이여 살려 주시옵소서. 하나님이여 살려 주시옵소서."

기도하고 마음의 평온을 되찾은 그는 기도할 때 얻은 영감을 좇아 즉시 조종간을 당겨서 높이 공중으로 올라갔다. 그랬더니 갑자기 쥐의 움직임이 없고 조용했다. 그리하여 무사히 귀환하게 되었다.

그가 무사히 착륙한 다음에 기관실을 열어 보았더니 거기에 큰쥐 한 마리가 죽어 있었다. 쥐는 낮은 땅에 사는 동물이기 때문에 비행기가 높이 올라가니까 공기가 희박해지므로 숨이 막혀서 죽었다는 것을 알게 되었다.

98. 《크리스티 윌슨》

크리스티 윌슨은 아프가니스탄에서 이름난 사람이다.

아프가니스탄의 중요한 산업 중의 하나는 양 사육이다. 그런데 갑자기 양들이 무서운 전염병에 걸린 것이다. 하지만 그 전염병의 원인을 알 수가 없었다. 양들은 속수무책으로 죽어만 갔다. 이렇게 되면 가난한 나라에 미치는 손실은 감당할 수가 없는 일이었다. 옷을 만드는 양모, 산업용품을 만드는 가죽, 식용 고기를 잃게 되기 때문이었다. 정말 큰일이었다.

이때 크리스티 윌슨은 기도했다. "하나님, 어떻게 해야 할까요?"

그의 기도에 응답은 왔다. "미국에 있는 친구들에게 연락하여 롱아일랜드산 오리를 보내라고 하라."

그래서 크리스티는 그대로 실천했다.

얼마 후 친구들이 뉴욕에서 항공편으로 24개의 오리알을 보내 주었다. 그러나 그 소포는 인도의 콜카타로 잘못 보내어져서 무더운 일기 속에서 여러 날 창고에 있는 동안 대부분의 알이 상해버렸다. 그 후 그 오리알들이 아프가니스탄의 카불에 도착했을 때는 어떤 알은 깨어졌고 어떤 알은 썩어 있었다.

그래서 크리스티는 다시 기도했다. "주여, 이 알 중에 최소한 두 개의 알은 부화하게 하소서. 하나는 수놈 하나는 암놈이 되도록 허락하소서."

그의 기도대로 그중 단 두 개가 부화하였다. 하나는 수놈, 하나는 암놈이었다. 그로 인하여 오리의 수는 많이 불어났다. 그리고 그 오리들은 양들이 물을 먹는 곳에서 뱀들을 모조리 잡아먹었다. 그런데 그 후부터 신기하게도 양들을 폐사시키는 전염병이 사라졌다. 뱀들이 전염병의 매개체였던 것이다. 이러한 업적으로 아프가니스탄 왕은 크리스티 윌슨에게 큰 상을 내렸다고 한다.

99. 《UN의 철제 투표함》

유엔은 세계 각국 대표들이 모여 인류의 평화와 발전을 의논하고 결정하는 국제 연합기구다. 중요한 부서 중의 하나가 안전보장이사회다. 이곳에는 투표함이 있다고 한다. 철재로 만들어진 투표함인데, 중요한 결의를 할 때 이 함에 투표하는 것이다.

그런데 1997년에 낡은 이 투표함을 바꾸는 과정에서 감동적인 일이 생겼다. 철제 투표함 박스를 분해하다가 투표함 안쪽에 글이 쓰여 있는 것을 발견하게 된 것이다.

거기에는 '안전보장이사회에서 이루어지는 모든 결정이 하나님의 뜻에 합당하게 결정이 되어 인류 역사의 올바른 뜻이 이루어지기를 기도합니다.'라고 새겨져 있었고, '폴 안토니오'의 서명이 있었다.

그 사람이 누군가 알아보았더니 철재함을 만든 기술자였고, 진실한 크리스천이었다. 무명의 크리스천이 유엔에서 결정되는 모든 일이 하나님의 뜻대로 되기를 기도하며 하나님께 맡기는 마음으로 투표함 철판 안에 글을 써넣은 것이다. 그가 글을 써넣은 것을 아는 사람은 아무도 없었다. 그러나 만사를 맡기는 그의 기도를 하나님은 받으셨다. 그래서 중요한 결정이 있을 때마다 하나님의 오묘하고 기이한 간섭이 나타났던 것이다.

기독교 교육

100. 《세계적인 인물들》

라이크 우드라는 주일학교 선생님이 교회에서 4명의 아이를 길렀는데, 모두 세계적으로 훌륭한 사람이 되었다. 라이크 우드는 이 4명의 어린이를, 예수님을 잘 믿는 아이들로 길렀다. 4명은 다 대학 공부를 못했지만, 선생님은 4명에게 세상 지식보다 하나님의 위대하심과 하나님을 잘 섬기는 법을 가르쳐 주었다. 이들은 금세기 이 세계에서 가장 큰 영향을 끼치는 최고의 인물들이 되었다.

첫 번째 사람은 빌 게이츠다. 그는 레이크사이드고등학교를 졸업하고, 하버드대학교에 들어갔지만 중퇴하였다. 그는 컴퓨터 프로그램으로, 오늘날 인류 역사에서 최고 부자가 되었다.

두 번째 사람은 보잉이다. 보잉이라고 하면 비행기 이름으로 아는데, 사람 이름이다. 비행기는 두 종류가 있다. 하나는 엔진이 뒤에 달려 있고, 하나는 날개에 엔진이 달려 있다. 지금 세계에서 가장 많이 쓰고 있는 보잉 747과 같은 비행기는, 다 엔진이 날개에 있다.

하나님을 경외하였고, 하나님께서 주신 지혜로, 보통 사람이 상상할 수 없는 일을 발견하였다. 지금 비행기 여객기로는 보잉이 거의 지배를 하고 있다.

세 번째 사람은 맥 콜드다. 휴대폰을 발명한 사람이다. 지금 전 세계의 모두가 사용하는 휴대폰은 맥 콜드가 발명했다.

네 번째 사람은 코스트 회사를 설립한 사람이다. 코스트는 보잉과 함께 합자회사로, 세계적인 기업이 되어 있다.

이렇게 어린 심령에 기독교 교육으로 하나님의 말씀이 들어가니 많은 열매를 맺을 수 있었다.

101. 《웨슬레의 어머니》

세계적인 하나님의 종 영국의 웨슬레는 그의 어머니가 자식들을 철저한 하나님의 말씀과 기도로 길렀다고 한다.

그녀는 아이들을 아침마다 8시 30분에 깨워서 집안 계단에 세웠다. 그리고 자녀들에게 그들의 이름을 물어보고, 그다음에는 너희는 지금 어떤 사람이냐고 묻고, 자녀들은 위대한 사람이라고 대답하도록 했다. 그리고 위대한 사람은 무슨 일을 하냐고 물어서, 자녀들이 "하나님의 역사를 창조하고 있습니다."라고 대답하게 하고, 마지막으로 너희들의 파트너가 누구냐고 물으면 자녀들은 하나님이라고 대답하도록 했다.

그녀는 매일 이것을 점검했다. 그리고 목요일은 영적 생활 일기를 쓰게 했고, 아이들에게 간식은 절대 먹이지 않았다. 그래서 그녀를 일컬어 '규칙쟁이'라고 불렀고, 그 결과 그녀는 세계적인 가문을 만들게 된 것이다.

기쁨

102. 《웃음치료》

웃으면서 살면 나에게도 유익이 되고 다른 사람에게도 유익이
된다.

아이들은 하루에 4백 번 웃는다고 한다. 그렇지만 어른들은 잘
웃지 않는다. 의학용어에도 '웃음치료'라고 하는 것이 있다.

황수관의 『예수건강 신바람건강』에 보면, 다 죽게 된 사람 중에
한쪽 사람들에게는 웃음과 기쁜 마음을 선사해 주고 다른 한쪽
사람들에게는 좋은 약을 썼다고 한다. 그런데 참 놀라운 것은 좋
은 약을 쓴 사람들은 모두 세상을 떠났는데, 웃음을 선사 받은 사
람들은 살았다는 보고가 들어오더라는 것이다.

웃음이 명약 중의 명약이다. 웃음이 항암제의 역할을 하고, 신체
리듬이 되살아나고 기분이 좋아지면서 신체의 활동이 원활해진다.
신경성 질환이 치료되고 원기를 회복하게 된다.

웃는 문으로 만 가지 복이 들어온다고 소문만복래(笑門萬福來)라
고 하였고, 한번 웃으면 한번 젊어지고 한번 성내면 한번 늙는다고

해서 일소일소 일노일노(一笑一少 一怒一老)라고 하였다.

103. 《세미 함프》

    세미 함프는 불행한 사람으로 부인도 없고 아이도 없이 처음부터 혼자 살았다. 그가 혼자 사는 것은 병과 장애 때문이었다. 그는 폐결핵 환자이며, 두 다리를 잘 쓰지 못했다. 걸음은 겨우겨우 걸었고, 왼팔은 쓰지 못했다. 그의 몸 중에는 오른쪽 팔만 사용할 수 있었다. 그래도 그는 어느 비행기 공장에서 일을 돕는 직공이었다. 기름때 묻은 옷을 입고 오른손에는 망치가 들려 있었다. 나이도 50이 넘은 중년이었다. 그에게는 보통 사람들이 가진 행복이나 기쁨은 없었다. 괴롭고 고달프기만 했다. 그러나 함프는 언제나 웃고 있었다. 슬픈 얼굴을 볼 수 없었다. 그의 입에서는 찬송이 끝없이 흘러나왔다. 사람들은 그가 기뻐하는 것이 이상했다. 그래서 물었다. "여보시오. 무엇이 그렇게 기쁘오?" 그러면 그는 대답했다. "나에게는 자랑할 것이 아무것도 없소. 그러나 예수님이 계시니 기쁩니다."

104. 《최고의 양약(良藥)》

미국 역사상 최고의 철학자인 왈프 에머슨이 젊었을 때 의사로 부터 몇 달밖에 더 살 수 없다는 말을 들었다. 그리하여 그는 죽음을 준비하기 위하여 북부 고향으로 돌아가는 도중 신기하게도 그 마음속이 종달새처럼 즐거움이 충만하였다. 새 한 마리, 꽃잎 하나 떨어지는 것이 예사롭게 보이지 않고 생명의 신비함에 경의를 표하게 되었다.

그 후 그는 우주 만물을 지으신 창조주를 찾게 되고 기쁨과 즐거움으로 살다보니 육체는 건강해지고 결국 78세까지 장수하며 인생을 구가하였다고 간증하였다.

마음을 강하게 하는 이백열세 가지 이야기

기적

105. 《로마의 외눈 병사》

요한복음 19장 34절에 "예수께서 이미 운명하신 것을 보고 옆구리를 창으로 찌르니 물과 피가 나오더라."라고 기록되었다. 여기에 관하여 한 로마의 전설이 남아 있다.

예수님의 옆구리를 찔렀던 로마 군인은 외눈 병사였다고 한다. 그가 창으로 예수님의 옆구리를 찌를 때 예수님의 옆구리에서 나왔던 물과 피가 그의 얼굴에 덮쳤고 그의 남아있던 한 개의 눈 속에 그물이 들어갔다.

그때 그는 눈을 감고 이제 나는 맹인이 된다고 생각했다. 내가 그를 찔렀는데 즉 나는 그의 원수가 되었는데, 그의 몸에서 나온 물과 피가 나를 저주하지, 축복할 리가 만무하다고 생각했다. '나는 이제 맹인이 된다.' 그는 그렇게 절망을 느꼈다. 그리고 조심스럽게 눈을 떠 보았다. 그랬더니 그 눈이 그냥 열렸다. 그리고 더 놀란 것은 이미 감겨 있던 눈마저 열려서 다 환하게 보였다.

그때 그는 창 자루를 내던지며 '나는 그를 찔러 저주하였는데 그의 몸에서 나온 물과 피는 나를 축복하여 내 감겨 있던 눈을 뜨게 하였다. 이는 참으로 세상에 오실 구세주다. 나는 그를 믿겠노라.' 하고 그 순간부터 그리스도의 신실한 제자가 되었다고 한다.

106. 《선교사 포펜》

중국 선교사 포펜이 40년 동안 중국선교 사역을 마치고 귀국하려는데 당국에 의해서 체포되었다. 광장에 많은 관중이 모인 가운데 공개 재판을 하는데 죄목은 국가 반역죄였다. 사형 언도를 받고 감옥에 갇혀 있는데 본국 후원교회에서 그 소식을 듣고 온 교우들이 합심하여 기도했다.

그런데 내일 사형 집행이 되는데 전날 밤에 잠들어 있는 포펜을 누군가 깨우더니 "따라 오시오. 그리고 내가 누구인지 묻지 마시오. 하나님이 당신을 위해 보낸 사람인 줄로만 생각하시오" 했다.

그리고는 어딘지 모르게 데리고 가서는 곧장 똑바로 가라고 했다. 한참 가다 보니 바닷가가 보이고 거기에 배 한 척이 기다리고 있었다. 그래서 홍콩으로 와서 본국으로 돌아오게 되었다는 간증이다.

길

107. 《길 잃은 사냥꾼》

어느 눈 내리는 겨울날 사냥꾼이 노루사냥을 떠났다. 산속에서 노루사냥을 하는데 갑자기 심한 눈보라가 몰아닥쳤다. 그는 얼마 가지 않아서 방향감각을 상실하였다. 눈 위에 나 있는 발자국은 바람 때문에 다 지워져 버렸다.

눈 덮인 산속의 모습은 평소와는 완전히 딴판으로 바뀌었다. 계속 헤매다 시간이 흘러 밤이 되었고, 결국 그는 내려가는 길을 잃어버리고 말았다. 며칠 후 실종된 그를 찾으러 구조대원들과 그의 가족들이 그 산속을 누비고 다녔다.

깊은 산속에서 그의 시체가 발견되었다. 하얀 눈을 이불 삼아 엎드린 채로 싸늘하게 죽어 있었다. 그의 시체 옆에는 발자국들이 나 있었다. 그런데 참으로 안타까운 것은 그가 죽은 바로 옆에 큰 길이 있었다는 것이다.

진리의 길, 생명의 길은 멀리 있는 것이 아니다.

108. 《옥수수밭의 미로》

미국 중부에서 대단위 옥수수 농장을 경영하는 부부가 있었다. 그 부부가 어느 날 잠깐 집을 비운 사이 외아들 존이 옥수수밭으로 들어갔다가 길을 잃었다. 존은 그때 네 살이었다.

집에 돌아온 부부가 존의 실종 사실을 알고 찾아 나섰지만 찾을 수가 없었다. 시간이 흘러서 해가 저물고 농장에는 어둠이 깔렸다. 당황한 부부는 경찰에 신고했고, 경찰과 소방대원 그리고 자원봉사자들 30여 명이 횃불을 켜 든 채 밤을 새우며 찾았으나 존을 찾을 수 없었다.

사흘째 되는 날 경찰과 소방대원 지역주민 그리고 이웃 도시에서 동원된 학생 300여 명이 일렬로 서서 손을 잡고 옥수수밭을 가로지르며 찾기 시작했다. 그리고 그날 오후 해 질 무렵 싸늘하게 식은 존의 시체를 옥수수밭 가운데서 발견했다. 이처럼 죽음의 길에 빠져서 헤매는 자들이 많다.

109. 《사형수와 대통령》

교도소에서 처형 날을 기다리던 사형수가 신문에서 '22대 대통령 클리블랜드 취임'이라는 뉴스 기사를 읽다가 소스라치게 놀라며 탄성을 질렀다. 신문에는 대통령에 대한 취임 기사와 축하 인사 내용이 가득 차 있었고, 사형수는 눈물을 흘리면서 기사를 다 읽어 내려갔다. 그 22대 대통령인 클리블랜드는 대학교 동창인 자기 친구였기 때문이다. 자신은 사형수가 되고 친구는 대통령이 되어 취임 인사를 하게 된 것이다.

두 사람은 대학교 때 술친구였다. 어느 날 두 사람이 술을 먹으러 가다가 클리블랜드는 교회에서 들리는 찬송 소리를 듣고 교회에 갔고, 이 사형수는 밤새도록 술을 마셨다.

그 후 두 사람은 한 번도 만난 적이 없었다. 클리블랜드는 변호사가 되고 뉴욕주지사가 된 후 대통령이 되어 취임식을 하게 됐다. 그러나 사형수는 타락의 길을 전전하다가 사형 날짜를 기다리는 참담한 신세가 되고 말았다.

사람은 두 길중 하나를 선택해야 한다. 선한 길과 악한 길, 생명의 길과 사망의 길이다. 어느 쪽으로 가느냐, 어떻게 결단하느냐에 따라서 인생의 행복과 불행이 결정되는 것이다.

110. 《대서양으로, 태평양으로》

로키산맥의 캐나다 쪽 줄기에 한 산이 있다. 그 꼭대기에는 삼각형 모양의 지붕이 있는 집이 있는데, 빗물이 그 지붕에 떨어질 때

양쪽으로 갈라져 흘러내린다. 한쪽으로 떨어지면 지류로 흘러 들어가 대서양에 합류되고, 다른 쪽으로 떨어지면 지류로 흘러 들어가 태평양으로 합류된다고 한다. 같은 데 있던 빗물이지만 영영 갈라져 만나지 못한다.

이처럼 인생도 두 길이 있다. 생명의 길과 사망의 길이다. 좁은 길과 넓은 길이다. 어느 길로 갈 것인가? 그것은 택하는 자의 운명을 결정 지을 것이다.

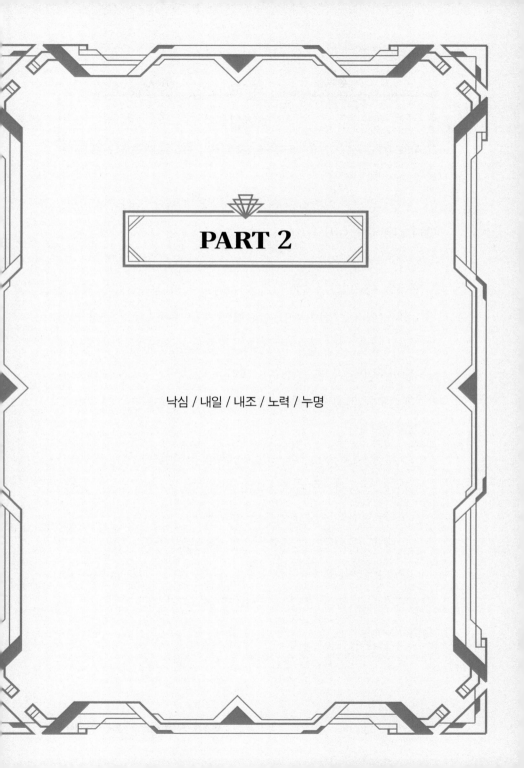

PART 2

낙심 / 내일 / 내조 / 노력 / 누명

낙심

111. 《더 리빙 바이블(The Living Bible)》

케네스 테일러라는 언어학자는 10년을 걸려 신약성경을 영문으로 번역하였다. 그런데 어느 출판사도 책을 내주겠다는 곳이 없었다. 이미 많은 영어 성경이 번역되었으므로 잘 팔리지 않을 것이라는 출판사의 생각 때문이었다. 그러나 테일러는 열심히 기도하면서 포기하지 않았다. 그는 여러 친구를 통해 빚을 얻어서 자비로 출판하였다.

그러나 첫해에 800권만 팔렸을 뿐이다. 이자는 늘고 책하고만 씨름하며 살던 학자인지라 빚더미 위에 앉게 되었다. 그런 가운데서도 그는 낙심하지 않고 기도를 계속했다.

그런데 하나님이 길을 열어주시기 시작했다. 많은 사람이 테일러의 번역을 높이 평가하기 시작했으며, 몇 년 사이에 이 번역서가 유명해져서 2,500만 부나 팔렸다. 이 번역서가 바로 『The Living Bible』이다.

사람들이 '어떻게 그렇게 빚더미에서 흔들리지 않았습니까?'라고 물었을 때 그가 대답하기를 "주께서 내 곁에 계시니 어찌 낙심하겠습니까?"라고 했다.

112. 《허드슨 테일러》

유명한 영국의 선교사 허드슨 테일러는 중국 내지에 들어가서 선교했는데 당시 그곳에는 전보, 전신도 없고 교통도 불편하기 짝이 없었다. 교회를 세우고 사람들을 돌보아 주어야 하는데 도무지 어떻게 할 수가 없었다.

어느 날, 그는 크게 실망한 가운데 사무실에서 왔다 갔다 하면서 하나님께 부르짖었다. '아버지여, 저는 절망에 부딪혔습니다. 어떻게 해야 할까요?'

이때 하나님께서는 그에게 요한복음 15장의 "나는 포도나무요 너희는 가지라"는 말씀을 주셨다. 이 말씀은 그의 영혼 속에 불타 들어왔다.

'주님은 포도나무요 나는 가지이면 주님은 나의 뿌리요, 줄기이니 주께서 일해 주실 것이요, 나는 받아서 열매만 맺으면 되지 않느냐?'

그 후로부터 그는 안심했다. 그는 믿음을 얻었고 하나님의 기적이 그의 사역에 나타나 중국 내지 선교에 크게 성공했다.

내일

113. 《야명조(夜鳴鳥)》

중국에는 야명조(夜鳴鳥)라는 새가 있다고 한다. 밤마다 우는 새라는 뜻이다. 이 새의 별명은 '날 새면 집 지으리'다. 이 새는 게을러서 집을 짓지 않는다고 한다. 그러면서 밤이 되면 추워서 떨며 밤새워 우는 것이다. 그리고 내일 아침에는 반드시 집을 짓겠다고 맹세한다.

그러나 아침이 되어 따뜻한 햇볕이 비치면 어젯밤의 고생과 어젯밤의 결심은 잊어버리고 그저 희희낙락한다. 그러다가 또 밤이 되면 추위를 이기지 못해 또 울면서 '아침이 되면 반드시 집을 지으리' 하는 것이다.

하지만 야명조는 그다음 날도 노는 일에 바빠 집을 짓지 않는 것이다. 이 새의 모습이 바로 우리의 모습은 아닌가?

마음을 강하게 하는 이백열세 가지 이야기

114. 《내일이면 늦어요》

교회 집사 직분을 가지고 있는 육군소장이 주일 날 오후 성대한 파티에 초대됐다. 주일 저녁 예배가 있었지만, 귀족들의 파티에 초대된 것이 더 기뻤다. 파티가 시작되자 사람들은 춤을 추기 시작했고, 여기저기서 아주 유쾌하고도 즐거운 웃음소리가 들려왔다.

장군도 누군가와 춤을 추고 싶어서 두리번거리는데, 아주 예쁜 한 여인이 다가와서 춤을 청했다. 둘은 흥겨운 왈츠 곡에 맞춰 즐겁게 춤을 추었다. 한참 신나게 춤을 추고 있는데 부관이 다가왔다. 그리고 장군의 양복 주머니에 쪽지 한 장을 넣어주면서 귓속말로 "장군님 급한 거랍니다." 하고는 자리를 떴다. 장군은 갑자기 짜증이 났다. '또 일이야 도대체 휴일도 모르는 작자들이 많아. 내일 하면 되잖아!'

장군은 이렇게 중얼거리며 쪽지는 보지도 않고 춤을 계속 췄다. 노래가 끝났다. 둘은 한적한 베란다로 나갔다. 순간 그 아름다운 아가씨는 갑자기 장군의 가슴에 독이 묻은 칼을 꽂고는 "장군, 내일이면 늦어요." 하고는 유유히 사라져 버렸다. 나중에 경찰이 와서 장군의 시체를 거두며 소지품을 확인할 때 그의 양복저고리 주머니에서 이런 쪽지가 나왔다.

'장군님 조심하십시오. 함께 춤을 추는 여자는 적국에서 온 암살자입니다.'

내조

115. 《돌보는 사랑》

루스벨트 여사는 항상 웃는 얼굴로 사람들을 대했고 어떠한 절
망적인 상황 속에서도 비관하지 않고 낙관적인 마음으로 인생을
살았다. 그가 열 살 때 어머니가 돌아가시고 그는 할머니 밑에서
자라게 되었다. 그의 가정은 무척 가난했다. 그래서 하루라도 일하
지 않으면 먹고 살 수가 없었다. 그러던 그가 프랑스로 공부를 하
러 갔다. 그리고 거기에서 루스벨트 청년을 만나 결혼하게 되었다.

그런데 남편 루스벨트가 소아마비 증세를 보이더니 절름발이가
되어 고생하게 되었다. 그러나 그녀는 실망하지 않고 8년 동안 헌
신적으로 남편을 뒷바라지했다. 그 결과 남편은 병석을 박차고 일
어났고, 1932년 마침내 미국의 대통령으로 당선되었다. 루스벨트
여사는 남편이 대통령이 된 다음에도 불구의 남편에게 팔과 다리
가 되어 주었다. 그런데 루스벨트가 인생의 말년이 되었을 때 그는
관절염으로 휠체어 인생이 되었다. 그때에도 아내는 남편의 곁을
떠나지 않고 팔과 다리가 되어 주었다.

마음을 강하게 하는 이백열세 가지 이야기

어느 날 루스벨트가 아내에게 말했다. "당신, 불구인 나를 아직도 사랑하고 있소?"

그러자 아내가 말했다. "아니 무슨 말이에요? 내가 당신의 다리만 보고 사랑했나요? 나는 당신의 모든 것을 사랑해요."

루스벨트에게 있어서 아내는 언제나 옆에 있으면서 그를 돌보아주는 사랑의 샘물이었던 것이다.

116. 《아내의 비밀 통장》

서울 녹번동에 사는 김 씨는 경리부장을 맡고 있다가 1997년 말 회사가 부도나서 퇴직금은커녕 월급도 몇 달 치를 못 받았다. 그는 자녀들 걱정과 '앞으로 어떻게 살아가야 하나?' 하는 두려움으로 견딜 수가 없었다.

그렇게 힘없이 멍하게 앉아 있는 그에게 아내가 빛바랜 봉투를 하나 내밀었다. 그 봉투 안에는 결혼하고 아내가 18년 동안 꼬박꼬박 써 온 가계부와 김 씨가 가져다준 월급명세서, 그리고 저금통장이 있었다.

아내는 "당신이 필요한 데 알아서 쓰세요."라고 말했다.

김 씨가 저금통장을 펴 보니 4천만 원이 찍혀 있었다. 김 씨는 깜짝 놀랐다. 자신이 벌어 온 월급으로 생활하면서 4백만 원을 저금

하기도 어려운데 어떻게 4천만 원을 저금했냐고 아내에게 물었다.

아내는 "당신에게 말은 못 했지만 사실 아르바이트를 했어요. 18년 전 단칸방 시절부터 단추 달기, 실밥 따기, 구슬꿰기 등을 했어요. 당신이 못하게 할 것 같아서 말 못 했어요. 당신이 필요한 데 알아서 쓰세요."라고 말하며 빙그레 웃었다.

김 씨는 손마디가 굵어진 아내의 손을 잡고 그만 눈물을 흘렸다. 그리고 다시 재기를 다짐하고 그 돈으로 사업을 다시 시작하여 성공하게 되었다.

117. 《앤드류 엘리자》

존슨이라는 아이가 있었다. 존슨은 어려서 아버지를 잃었다. 가난 때문에 학교도 제대로 마치지 못했다. 존슨은 친구들이 초등학교를 졸업할 나이에 양복점에 취직하여 재봉 일을 하다가 17세에 양복점을 냈다. 그다음 해에 구두 수선공의 딸과 결혼했다.

존슨과 결혼한 구두 수선공의 딸은 문맹자인 남편에게 매일 저녁 글을 가르쳐주기 시작했다. 사랑스러운 아내가 가르쳐주는 공부는 신혼처럼 달콤했다. 드디어 공부에 취미를 붙인 존슨은 밤새워 책을 읽기 시작했다. 하나를 배우면 열을 깨우치는 지경에 이르게 되었다. 엘리자는 신앙의 여인이었다. 공부도 많이 했다. 엘리자는 남편에게 기초적 교육을 하면서 정치에 대한 꿈을 심어 주었다.

결국 그는 테네시 주지사를 거쳐 상원의원이 되었고 나중에 미국의 17대 대통령까지 오르게 된 앤드루 존슨이 되었다. 그가 17대 대통령 선거에 출마하자 상대 당에서는 그에게 비난의 화살을 퍼붓기 시작했다.

"초등학교도 나오지 못한 양복 기술자가 어떻게 일국의 대통령 자리를 넘보는가?"

그러나 존슨은 이러한 비난까지도 부드럽게 받아넘길 정도로 세련된 정치인이 되어 있었다.

"예수님이 어느 초등학교를 나왔는지 아는 사람이 있나요? 더구나 예수님은 목수 출신이 아닙니까? 그러나 나는 아직도 그보다 위대한 사람을 알지 못합니다."

결국 존슨은 압도적인 지지로 미국 대통령에 당선되었고 미국이 전 세계 돈의 75%를 움직이는 데 결정적인 영향을 미친 알래스카를 소련으로부터 720만 달러에 사들이기도 했다.

존슨은 아내를 잘 만나 세계를 움직이는 대통령이 되었다. 아내 덕분에 대통령까지 된 것이다.

노력

118. 《성령님은 100점, 학생은 0점》

어느 한 신학생이 성령론 과목의 시험을 치게 되었다. 그러나 전혀 공부하지 못한 상태여서 전날 간절히 "하나님 공부는 못했지만, 시험 잘 볼 수 있도록 해 주세요."라고 기도했다.

그러나 막상 시험지를 받아 본 순간 검은 것은 글씨요, 흰 것은 종이란 것밖에 아무것도 알 수 없었다. 그 학생은 답안지에 이렇게 썼다.

[성령님은 다 아십니다.]

교수는 서양 선교사였는데, 너무 기가 막힌 답을 보고 이렇게 점수를 주었다.

[성령님은 100점, 학생은 0점.]

신학생은 결국 낙제했다.

119. 《세계의 명작들》

밀턴은 매일 새벽 4시에 일어나 『실락원』을 집필했다.

노아 웹스터는 『웹스터 사전』을 집필하기 위해 36년간 자료를 수집하고 두 번이나 대서양을 횡단했다.

플라톤의 『국가론』은 무려 아홉 번이나 대필한 다음에 완성된 것이다.

시인 브라이언트는 자신의 시를 보통 99번씩 다듬어 완성했다.

미켈란젤로의 〈최후의 심판〉은 8년 동안 땀 흘려 완성한 대작이다.

레오나르도 다 빈치의 〈최후의 만찬〉은 10년의 세월이 걸렸다.

슈만 하인크는 위대한 가수가 되기 위해 20년간 가난과 싸웠다.

누명

120. 《하천풍언(賀川豊彦)》

일본의 성자라고 불리는 기독교 지도자 하천풍언 선생에게 큰 시련이 다가왔다. 어느 날 낯모르는 여인이 하천풍언이 시무하는 교회에 찾아와 교인들 앞에서 불룩 올라온 자신의 배를 가리키며 큰소리를 질렀다.

"여러분! 하천풍언을 믿지 마십시오. 성자 같으나 그의 행동은 그렇지 않습니다. 저의 배를 보십시오. 이 배 속에 있는 아이는 하천풍언의 아이입니다."라고 했다.

이 말을 들은 사람들은 대경실색했다. 상황은 걷잡을 수 없이 악화되어 그 여인의 남편의 고소로 하천풍언은 결국 감옥에 들어가게 되었다.

그곳에서 그는 아무 변명도 하지 않고 이 문제로 교회와 하나님의 이름이 더는 더럽혀지지 않도록 해결해 달라고 기도했다.

3개월이 지났다. 어느 날 그 여인이 찾아왔다. 그녀는 그 앞에 엎드려 하염없이 울면서 자신의 죄를 용서해 달라고 빌었다. 결국 하천풍언은 혐의가 풀려 석방되었다.

PART 3

대신문화 / 독립운동 / 돈 / 두려움 / 두 얼굴

대신문화(代身文化)

121.《태동(笞童)》

영국에 '태동'이라는 아이가 있었다고 한다. 매를 맞는 아이라는 뜻이다. 아무리 지체가 높은 왕자라도 교육 중에 매 맞을 일을 하면 매를 맞아야 한다. 하지만 왕자를 때릴 수는 없어 대신 매를 맞는 아이 하나를 정해둔다. 왕자 대신 매를 맞는 아이가 태동이다.

우리나라에도 매품 판다고 하여 돈 받고 대신 매를 맞는 대태(代笞)제도가 있었다고 한다. 흥부가 매품 팔러 병영(兵營)에 갔다가 그나마도 배경 있는 녀석에게 빼앗기고 돌아오는 눈물 나는 장면이 있다는 것이다.

현대는 온통 대신문화(代身文化)가 판치고 있다. 미국에서는 농부가 농사를 대신시키는 일이 흔하여 씨 뿌리는 대리농업회사에 전화하면 헬리콥터가 씨앗을 뿌려주고, 거름도 주고, 살충과 제초(除草)도 하며, 수확에서 탈곡, 보관, 판매까지 손 하나 까딱 않고 해낸다는 것이다.

그뿐만 아니라 공장은 기계를 대여하고 가동까지 시켜주는 리스

회사가 대행해 주고, 가스, 전기, 전화 같은 공공요금도 은행의 온라인이 대행해준다. 심부름회사가 생겨 관공서 서류를 대신 떼어다 주는가 하면, 파티회사가 생겨 잔치도 대행해 주고, 학위 논문도 대신 써준다. 술을 대신 마셔 주는 술상무(常務)가 생겨나고, 대신 아이를 낳아주는 대리모(代理母), 대리부(代理父)까지 생겨났다고 한다.

독립운동

122. 《유관순》

1919년 3월 1일 기미년 독립만세사건 중 유관순 소녀의 정신과 대담함을 보자. 그녀는 부친 유중원 씨의 애신 애국 즉 우로 하나님을 사랑하고 나라를 사랑하는 정신을 이어받았다.

그녀는 아버지가 세운 동기학교와 교회에서 배웠는데 학교 경영 때문에 일본인에게 빚진 것을 못 갚아 매를 맞아 중병에 걸렸을 때 유관순은 하나님께 간절한 기도로 병이 나았다.

이런 착한 아이의 소문을 들은 선교사는 유관순을 이화학당에 입학시켰는데, 1919년 3월 1일에 만세 소리가 방방곡곡 퍼지자 담을 넘어 뛰쳐나가 만세를 불렀다.

유관순은 고향으로 갔으나, 고요한 것을 놀라 동네 사람들과 교회에 말하고 밤중에 매봉에 올라가 간절히 기도하니 "관순아 관순아 내가 네게 힘을 주어 넉넉히 이기게 할 것이니 담대하라."라는 주님의 음성을 들었다. 너무 감격하여 "주님 감사합니다. 제게 힘을 주사 잘 감당케 하여 주시옵소서." 하고, 힘을 얻어서 내려오면서 "주님의 음성은 이 몸 지금 자기를 버리고 십자가를 등에 지고 주의 뒤를 따라가리라." 찬송을 불렀다.

그리고 10여 일 동안 인근 동네와 연락하여 함께 만세를 부르도록 하였다.

3월 1일 거사 전날 밤에 산 위에서 봉화를 일제히 드는 것으로 합심 여부를 알리고 그날 단에 올라가 독립선언문을 낭독하고 태극기를 들고 만세를 부르니 마침 장날이라 모인 군중들이 산천이 뒤흔들리도록 만세를 불렀다.

일본 헌병들은 무차별로 총칼을 휘두르니 유관순의 부모는 쓰러지고, 30명이 죽고 유관순은 주모자로 체포되어 갖은 고문을 받았다.

재판장에게 "나라를 찾겠다는데 무슨 죄가 있는가?" 하고 책상을 치니, 재판장이 노하여 6년에서 4년을 더 연장하여 10년 형을 받았다.

그녀는 1920년 10월 17일 하늘나라로 갔다. 소녀로서 대단한 담력을 보여 주었다.

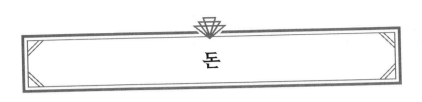

123.《뱃속에 감춘 마약》

신문에 이런 기사가 났다. 어떤 페루인이 마약을 숨겨 한국으로 입국하다가 죽은 사건이었다. 그런데 놀라운 게, 마약을 숨긴 곳이다. 자신의 배를 가르고 그 안에 두께 1.5㎝, 길이 2~3㎝의 코카인 덩어리 115개(900g)를 비닐 랩으로 이중 포장해서 숨긴 것이다. 그러다가 기내에서 3개의 포장이 터져 위산과 함께 녹음으로써 코카인에 급속히 중독되어서 사망하였다.

돈이 목숨을 위하여 있는 것이지, 목숨이 돈을 위하여 있는 것이 아니다. 그러나 이 사람은 돈을 위해 목숨까지 바쳐버렸다.

124.《의사 키드니》

캘리포니아에 사는 중국인 의사 키드니라는 사람이 있었다.

그는 돈을 저축하고 증식시키는 데만 즐거움을 누리며 살았다.

마음을 강하게 하는 이백열세 가지 이야기

매일의 일과는 증권시장의 변동에 신경을 쓰는 것이었으며, 자연히 파티에 가면 친구들과의 대화 내용도 역시 '돈을 많이 버는 일'에 초점을 두게 되곤 했다.

그는 장래성이 있어 보이는 불모지 땅 몇 에이커를 샀다. 그 후 5년이 지난 어느 날, 고속도로가 생기게 되는 행운을 만났고, 수만 불에 산 땅이 수백만 불에 팔릴 수 있는 횡재를 얻게 되었다. 그는 엄청난 수지에 기뻐하며, 매일 매일 더 많은 재산을 위한 꿈으로 마음이 벅차 있었다. 그러나 그는 엄청난 재산을 얻게 된 후 불과 며칠 만에 심장마비로 세상을 떠났다.

125. 《몰락한 재벌들》

1923년 미국 시카고에 있는 에지워터 비치 호텔에서는 매우 중대한 회의가 열리고 있었다. 그 회의에 참석한 사람들은 그 당시 미국 경제계를 장악하고 있던 9명의 재벌로서 각기 미국 경제의 분야별 제1인자였다. 그들이 여는 회의의 목적은 상호 간의 협력을 통하여 영원히 이들 아홉 사람이 제1인자의 자리를 지속하여 나아가는 데 있었다.

그러나 그때로부터 25년이 지나는 동안 이들 아홉 사람은 모두 비참한 결과를 맞게 되었다. 구체적으로 말하면 강철계의 대표자였던 슈와브는 파산하여 지병을 앓다가 죽었다. 비료계의 대표자였던 인슬은 부정 축재가 발각되어 알거지가 되었다. 휘발유와 가스계의 대표자였던 홉슨은 정신병 환자가 되어 격리 수용이 되었다. 밀과 보리의 소맥계 대표자였던 고들은 파산 선고를 받아 끝내 미국에서 쫓겨났다. 증권계의 대표자였던 휘트니는 거액의 부정 사건으로 투옥이 되어 교도소에서 복역하는 신세가 되었다. 정치계의 대표자였던 휠은 허무한 생애를 비판하여 허탈증에 빠졌다. 은행계의 대표자였던 프레저는 빚에 쫓겨 자살하였다. 금융계의 대표자였던 리비모어는 거액의 뇌물 사건으로 빈축을 사서 자살하였다. 기업인의 대표자였던 크루기는 사업의 몰락으로 인하여 비관한 끝에 자결하고 말았다.

126. 《횡재》

부산에서 조금 떨어진 기장에 살면서 어업에 종사하던 안모 씨가 기술 복권 2장을 샀는데 그 가운데 1장이 1등에 당첨되어 2억 3천여만 원을 손에 쥐게 되었다. 처음에 그들 부부는 횡재한 돈으로 성실하게 살려고 했지만, 조금씩 돈 쓰는 재미에 빠져들게 됐다. 남편은 남편대로 부인은 부인대로 밖을 나돌며 돈을 쓰고 다녔다.

마음을 강하게 하는 이백열세 가지 이야기

어느 날 그의 아내가 돈 일부를 빼내어 가출한 뒤 8개월 만에 탕진하고 돌아왔다. 그래서 화가 난 남편이 아내를 흉기로 찌르고 장롱 속에 가두었다가 살인미수 혐의로 구속되었다. 복이라고 생각했던 일이 오히려 화가 된 것이다. 천하를 얻고도 자기 생명을 잃어버리면 무슨 쓸데가 있겠는가.

127. 《미야우찌》

일본에서 67세의 나이로 숨진 미야우찌라는 거지 노인이 있었다. 그 노인이 죽은 후에 그의 방에 들어가 보니 5천만 원의 예금 통장과 1억 7천만 원가량의 주식이 숨겨져 있었다고 한다. 그런데 이 노인은 영양실조와 동맥경화증으로 사망했다는 것이다. 돈을 모을 줄만 알고 사용할 줄 모르면 아무런 소용이 없다.

두려움

128. 《나폴레옹》

천하를 호령한 나폴레옹에게 부하가 물었다.

"장군, 가장 두려울 때는 언제입니까?" 그러자 그는 "나는 이발할 때 가장 두렵다네. 면도사의 칼이 왔다 갔다 할 때면 으스스하기까지 하다네. 그래서 나는 면도할 때 부하를 시켜 이발사 아들의 목을 잡고 있게 한다네. 만일 이발사가 내 목을 벤다면 그 아들의 목도 잘린다는 것을 일깨워 준다네."라고 대답했다.

129. 《데카르트》

철학자 데카르트가 어느 날 밤길 위에 늘어진 커다란 뱀을 보고 혼비백산해 도망을 갔다. 이튿날 아침 뱀이 있던 곳에 가보았더니 그것은 뱀이 아니라 썩은 새끼줄이었다. 썩은 새끼줄을 뱀으로 착각해 매우 놀랐던 것이다. 인간의 실패와 비극은 보통 막연하고 불

확실한 두려움에서 비롯된다.

사람을 무너뜨리는 가장 무서운 바이러스는 '절망'이다. 강하고 담대한 사람에게는 큰 뱀도 썩은 새끼줄로 비친다.

두 얼굴

130. 《마하라자》

  인도의 콜하프군이라는 지방에서 있었던 실화다.

  콜하프군의 군수인 마하라자는 지역 주민으로부터 대단히 존경받는 군수였다. 그는 과거의 어떠한 다른 군수들에 비해 청렴결백한 군수로서 뛰어난 행정가요, 성실한 정치인으로서 많은 주민으로부터 인기가 있었던 군수였다. 그런데 마하라자가 군수로 재직하고 있을 때, 지역 주민들을 공포에 떨게 했던 한 비밀강도단이 있었다. 그 강도단들은 단서 하나 남기지 않고 감쪽같이 범행을 마치기 때문에, 집마다 강도 때문에 노이로제가 걸릴 정도였다. 그 강도단은 개인 주택들을 턴 것뿐만 아니라, 심지어는 군청까지도 털었다. 주민들은 비밀 강도단이 하도 극성을 부리자, 비밀강도단을 체포할 수 있도록 군청에 건의했다. 그래서 마하라자 군수는 강도단 체포를 위한 현상금까지 희사하였다.

  시간이 흐른 후, 드디어 비밀 강도단이 일망타진되었다는 소식이 들려왔다. 그런데 그 소식을 들은 지역 주민들이 깜짝 놀랐다. 그

마음을 강하게 하는 이백열세 가지 이야기

비밀 강도단의 두목은 다름 아닌, 콜하프군의 군수인 마하라자였기 때문이었다. 그는 낮에는 존경받는 군수, 밤에는 비밀 강도단의 두목이었던 것이다.

131. 《반디넬리》

레오나르도 다 빈치가 〈최후의 만찬〉을 그릴 때 예수님의 모습을 그리기 위해서 가장 거룩하고 성스러운 이미지를 가진 사람을 모델로 찾다가 성당에서 성가대원으로서 찬양하는 반디넬리라는 사람의 모습이 예수님을 닮은 것 같아 그 사람을 모델로 예수님의 모습을 그렸다고 한다.

그리고 제자들의 모습을 그리던 중 배신자 가룟 유다를 그리기 위해 가장 추악하고 더러운 이미지를 가진 사람을 찾았다. 그리하여 어느 뒷골목에서 술에 취해 비틀거리는 한 사람을 발견하고 그를 유다를 그리기 위한 모델로 삼고자 했다. 그런데 알고 보니 그 술 취한 사람은 전에 예수님 모델이 되었던 반디넬리였다.

반디넬리의 마음에 성령이 충만할 때는 그의 모습이 예수님의 얼굴과도 같았지만, 마음이 타락하여 온갖 더러운 죄악 가운데 방탕하며 살아갈 때는 가장 추악한 모습으로 변했던 것이다. 마음에 따라 두 얼굴이 나타난 것이다.

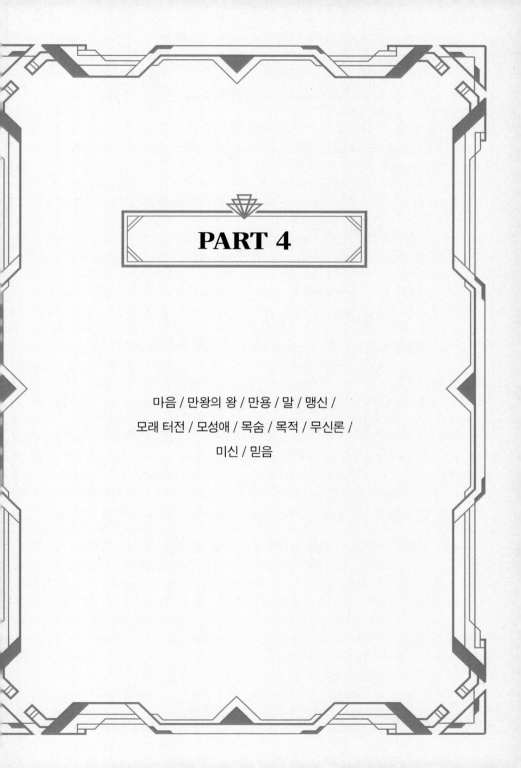

PART 4

마음 / 만왕의 왕 / 만용 / 말 / 맹신 /

모래 터전 / 모성애 / 목숨 / 목적 / 무신론 /

미신 / 믿음

마음

132. 《데일 카네기》

데일 카네기는 늘 환한 얼굴로 평화스럽고 행복하게 살면서 많은 사람에게 가르침을 주었다. 한 번은 "당신은 어떻게 그렇게 평안하게 삽니까?"라는 질문을 받고, 다음과 같이 대답했다.

"나는 매일 하나님께 기도합니다. 그리고 나 자신의 삶을 하나님께 맡깁니다. 정신적인 갈등이나 번민이 생길 때 모든 것을 하나님께 맡기면 하나님께서 모든 것을 맡아서 해결해 주십니다. 갈등이나 번민은 사라지고 하나님의 평강의 능력이 나를 사로잡습니다."

하나님을 의지하는 사람은 마음에 평안함이 있다. 태산 같은 문제가 쌓였다고 할지라도 하나님을 의지하면 하나님께서는 마음에 평강을 허락하여 주시고 문제를 해결할 수 있는 방법을 주신다.

마음을 강하게 하는 이백열세 가지 이야기

133.《홀만 헌트》

성화 중에 문 앞에 서서 문을 두드리시는 예수님의 그림이 있다. 그 그림은 홀만 헌트가 그린 것인데, 단단히 잠근 어떤 집 앞에서 예수님께서 두드리고 계신 그림이다. 그 그림의 기본 배경은, 성경 요한계시록 3장 20절이다. "볼찌어다 내가 문밖에서 서서 두드리노니 누구든지 내 음성을 듣고 문을 열면 내가 그에게로 들어가 그로 더불어 먹고 그는 나로 더불어 먹으리라."라고 하신 말씀을 기초로 그린 그림이다.

그리스도께서 안에서 문이 열리기를 안타까워하시면서 서 계신 그림이다. 그런데도 안에서는 아무런 반응이 없다. 문을 자세히 보면 밖에는 손잡이도 없고 달리 어떻게 할 다른 도구들도 보이지 않는다. 오직 이 문은 안에서만 열어 주어야 들어갈 수 있는 마음의 문이다. 문을 여는 것도, 닫는 것도 전적으로 문 안에 있는 사람에게 달린 것이다.

134.《수도사 부루노》

중세의 수도사 가운데 부루노라고 하는 사람이 있었다. 그가 한 번은 깊은 산 속에 들어가서 기도를 하게 되었다. 움막을 쳐놓고 창문을 만들어 놓고 기도를 하는데 밖에서 개구리들이 어찌나 시끄럽게 울어대는지 기도가 안 되었다. 그래서 참다 못하여 창문을 열고 소리를 질렀다.

"야, 이 녀석들아. 수도사가 기도하려고 하는데 너희들이 왜 떠들어! 이놈들아 조용히 해!"

그러자 개구리들이 알아들었다는 듯이 일제히 조용해졌다.

창문을 닫고 다시 기도하려고 하는데 이번에는 저 언덕 너머에서 잠자던 개구리들까지 일어나 더 크게 떠들어댔다. 창문을 열고 소리를 지르면 조용해지고, 창문을 닫으면 더 시끄럽게 떠들고, 몇 번 반복하다가 화가 난 수도사가 하나님께 심정을 토했다.

"하나님, 제가 지금 하나님을 만나고 진지하게 기도하려고 하는데 개구리들이 저렇게 시끄럽게 떠들어대니 기도가 안 됩니다. 저 개구리들의 모가지를 따든지, 입을 꿰매든지 좀 조용히 시켜 주십시오."

그런데 부루노의 머릿속에 하나님의 음성이 번쩍하고 지나갔다.

"좋아, 저 개구리는 누가 만들었느냐? 개구리라고 기도할 자격이 없겠느냐? 개구리라고 찬양할 특권이 없겠느냐? 왜 너 혼자 기도한다고 생각하느냐? 개구리와 함께 기도하고 개구리와 함께 밤새도록 찬양하면 안 되겠느냐?"

이에 수도사는 신이 나서 창문을 열고 "사랑하는 개구리 자매들이여, 여러분 기도하십시오. 개구리 형제들이여, 마음껏 찬양하십시오."

그랬더니 개구리들이 신이 나서 개굴개굴하면서 막 소리를 질러 대더란다.

개구리 소리 자체는 달라지지 않았다. 개구리 소리를 받아들이는 마음이 달라진 것이다.

135.《마음의 평강》

마음의 평강은 우리 마음속 깊은 곳의 고요한 중심이다.

고요한 중심을 상실하지 않을 때 우리는 어떤 어려운 상황에서도 당황하지 않게 되고 모든 문제를 바르게 처리해 갈 수 있다.

고요한 중심을 상실할 때, 흥분, 두려움, 초조, 불안이 우리를 사로잡게 된다. 그러한 것들에 사로잡힘 가운데서는 아무 일도 해결해 갈 수 없다. 이러한 중심을 상실하게 될 때 우리는 안달하게 된다.

136.《차를 든 네 병사》

베트남 전쟁 당시의 일이다. 미국 병사 네 명이 차를 타고 정글속을 달렸다. 길이 너무 좁아서 고전하며 전진을 하는데 갑자기 베트콩의 기습을 받았다. 병사들은 황급히 정글에 몸을 숨겼다. 그러다가 잠깐 사격이 주춤할 사이에 나와 보니 너무나 기가 막혔다. 전진하자니 생명이 위험하고, 차를 돌리자니 길이 좁아 돌릴 수 없는 상황에 빠진 것이다. 이때 그들이 순간적인 기지를 발휘했다. 병사 네 사람이 차의 바퀴 하나씩을 붙잡고 차를 번쩍 들어 올렸다. 그리고 차를 가던 길의 반대 방향으로 돌린 다음 그 차를 타고 급히 도망을 쳤다. 그리하여 부대에 돌아와서 안도의 한숨을 내쉰 그들이 다시 차를 들어 보려 하니 꼼짝도 하지 않았다고 한다.

쇼펜하워는 "사람은 자신도 알지 못하는 놀라운 능력을 갖추고 있으나 문제는 그것을 어떻게 써야 할지를 모르고 있다"라고 하였다.

137. 《바위에 박힌 화살》

옛날 중국의 이광이란 분이 어두운 저녁에 산길을 가다가 호랑이를 만나서 필사의 힘을 다하여 활을 당겨 쏘았습니다.

그런데 화살을 가슴에 맞은 호랑이가 쓰러지지도 않고 자기에게 덤벼들지도 않고 가만히 있어서 이상히 여겨 가까이 가보니 그것은 호랑이가 아니라 큰 바위였습니다. 그 큰 바위에 화살을 쏘아 박히게 한 자기의 힘에 놀라서 시험해 보려고 계속 화살을 쏘아보았으나 바위에 튕겨 떨어지기만 하였습니다. 바위에 화살이 박힌

마음을 강하게 하는 이백열세 가지 이야기

것은 화살을 잘 쏜 힘 때문이 아니라 마음의 힘 때문이었다.

인도의 간디는 "사람의 마음에는 신성불멸의 힘이 있다."라고 하였다.

만왕의 왕

138.《카뉴트 왕》

영국에 왕관을 쓰지 않는 괴짜 임금이 있었다. 카뉴트 왕(Canute the Great, 990~1035)이 바로 그 인물이다. 그는 자신의 신하들이 지나치게 자기를 찬양하는 것이 싫었다. 어느 날 그는 신하들에게 왕좌를 해변으로 옮기라고 명령했다. 바닷가에 놓인 왕좌에서 수평선을 응시하던 왕은 밀물이 밀려오는 것을 보았다. 그는 밀려오는 파도를 향해 "바다여, 멈추어라!"하고 명령했다.

여러 번 명령했지만, 물결은 사정없이 밀려들어 왕좌의 절반까지 들어왔다. 파도에 밀려 임금은 왕좌에서 떨어졌다. 바로 이때 카뉴트 왕은 신하들에게 이렇게 말했다.

"너희 모두 똑똑히 보았느냐? 나는 아무것도 아니다. 내가 가진 권력이란 것은 하찮은 것이다. 우주를 다스리는 권능은 하나님께 있는 것이다. 그러므로 우리가 의지할 분은 오직 하나님이시다."

그날 이후 그는 왕관을 벗어서 십자가에 달린 예수상에 걸어놓았다고 한다. 그리스도인은 영원한 나라와 만왕의 왕께 전폭적으로 헌신하고, 따르는 사람들이다.

마음을 강하게 하는 이백열세 가지 이야기

만용

139. 《뱀 사육사》

    지리산 뱀사골에서 뱀을 잡아다 팔던 한 청년이 동물원 뱀 사육사로 취직하게 되었다. 어느 날 청년은 취직 턱을 내느라 술에 만취가 되었다. 술에 취한채 동물원 일터로 돌아왔다. 그리고는 인도산 코브라가 있는 울 안으로 들어갔다. 코브라 한 마리를 붙들고 목에 감아보기도 하고 품속에 넣어 보기도 하고 만용을 부렸다. 순찰을 하던 사육사가 "코브라다! 위험하다!" 소리를 질러댔지만, 청년은 아랑곳하지 않았다. 꼿꼿이 일어선 코브라 코에다가 입김을 쐬는 사이에 그만 코브라가 청년의 코를 꽉 물고 말았다. 청년은 비명을 지르며 피를 흘리고 쓰러졌지만, 아무도 그를 도와줄 수 없었다. 긴급 구조반이 도착했을 때 이미 청년의 혀와 시력과 청각이 마비되었고, 병원으로 옮기는 도중 몸에 독이 퍼져 싸늘한 시체로 변해 버리고 말았다.

말

140. 《조엘 오스틴(Osteen, Joel)》

미국에서 가장 빠르게 성장하는 교회인 레이크우드 교회를 담임하는 조엘 오스틴 목사는 『긍정의 힘』이라는 책에서 자기 집에서 일어난 간증을 소개하고 있다.

그의 어머니가 간암에 걸려 몇 주 밖에 살지 못한다는 진단이 내려졌다. 계속 살이 빠지고 피부가 노랗게 변하고 몸이 극도로 쇠약해졌다. 병원에서 포기하고 퇴원 권고를 하여 집으로 왔다.

생명을 구해 달라고 간절히 기도하며 포기하지 않았다. 어머니는 불평과 패배의 말 대신 하나님의 말씀을 입에 두기로 결심했다.

"나는 죽지 않고 살 거야. 나는 하나님의 역사하심을 선포할 거야."

아들이 물었다. "어머니, 도대체 어떻게 죽지 않으시겠다는 거예요?"

"얘야, 나는 주님과 그분의 권능 안에서 누구보다도 강하단다."

어머니는 그렇게 대답하고는 성경을 열심히 뒤져서 가장 좋아하는 치유의 말씀을 3~40개 찾아서 종이에 적어 매일 큰 소리로 선포하더라는 것이다.

그러자 상황이 변하기 시작했다. 점차 식욕이 돌아오고 몸무게가 불어나기 시작했다. 그리고 병세가 조금씩 호전되기 시작했다. 하나님의 말씀이 살아 역사하기 시작한 것이다. 몇 달이 지나자 회복의 속도는 더욱더 빨라졌고 사형선고를 받은 지 20년이 지났지만, 그의 어머니는 건강하게 생존하셨다고 한다.

부정적인 생각과 말을 버리고 하나님의 말씀을 가지고 믿음으로 선포하면 사탄은 설 땅을 잃어버리고 쫓겨갈 수밖에 없다.

141. 《전과자의 아내》

오랫동안 교도소 생활을 한 청년이 예수님을 믿게 되어 믿음이 좋은 아가씨와 결혼하게 되었다. 그런데 청년은 전과자라는 것 때문에 사회생활에 지장이 많았다. 어느 날 부부가 대화하다가 언성이 높아졌고, 부인이 남편에게 "당신은 전과자라서 그래!"라고 했다. 이 말 한마디에 이성을 잃은 남편은 자기 아내를 찔러 죽였다고 한다. 전과자에게 죽은 것이다.

부부간에도 소망을 주는 말을 해야 한다. 사랑의 말, 선한 말, 위로의 말, 소망의 말, 격려의 말, 축복의 말을 아끼지 말아야 한다.

142. 《말의 각인력》

어느 수학 선생님이 자기가 가르치는 학생들을 두 팀으로 나누어 각각 다른 교실에 들어가게 했다. 그리고 한 그룹의 학생들에게 이렇게 말했다.

"너희들의 머리로 이 문제를 풀 수 있다. 이 문제는 그리 어렵지 않다. 자, 한번 풀어봐라!"

그러나 다른 그룹의 학생들에게는 이렇게 말했다.

"이 문제는 너무나 어렵다. 아인슈타인도 풀지 못할지도 모른다. 그러나 한 번 시도해 보아라."

그 후, 할 수 있다는 말을 들은 학생들은 100% 그 문제를 풀었다.

그러나 아인슈타인도 풀지 못할 것이라는 말을 들은 학생들은 단 한 명도 이 문제를 풀지 못했다.

143. 《무하마드 알리(Muhammad Ali)》

한때 세계 복싱계를 주름잡았던 무하마드 알리가 있었다. 그는 조 프레이저와의 경기에서 미화로 1천만 달러를 벌었다. 한 시대를 풍미하던 주먹왕이었다. 그런데 그는 주먹으로도 유명했지만, 말로도 유명했다.

알리는 링 위에 올라가자마자 상대방의 눈을 뚫어지게 바라보면서, 링 위를 마구 돌아다니며 혼자 말로 이렇게 이야기한다고 했다.

"이번 경기에서는 나비처럼 날아서 벌처럼 쏘겠다. 이번 경기에서는 소련 전투기처럼 공격하고 독일 전차처럼 빠져나오겠다. 이번 경기에서는 일본군이 하와이를 기습 공격한 것처럼 기습작전을 쓰겠다."

그는 은퇴하면서 승리의 비결을 털어놓았다.

"나의 승리의 반은 주먹, 나머지 반은 말이었습니다."

그는 말로 자기 생각에 승리를 계속 각인시켰고, 상대방의 생각에 각인시켰다. 그러다 보니 알리의 생각 속에는 기필코 승리한다는 생각이 가득 찼지만, 상대방은 알리의 허풍 때문에 패배한다는 생각이 들었던 것이다. 그러다 보니 이미 경기를 하기도 전에 승부는 결정된 것이나 다름이 없었던 것이다.

이처럼 우리의 말은 내 삶을 끌고 간다. 내 입에서 나온 말이 다른 사람을 끌고 갈 뿐 아니라, 나를 끌고 가기도 한다.

144. 《광부 서종엽》

오래전에 한국의 강원도 태백에서 탄광이 매몰되어 6명이 갱도에 갇힌 적이 있었다. 92시간 만에 구조대원들이 무너진 갱도를 다시 뚫고 들어가서 보니 5명은 이미 죽었고, 서종엽이라는 광부만 살아 있었다. 구조된 그에게 기자들이 "다른 5명은 다 죽었는데, 어떻게 당신만 살아남을 수가 있었습니까?"라고 물었다. 그러자 그는 이렇게 대답했다.

"예, 나도 견디기 힘들었습니다. 칠흑 같은 어두움 속에서 목까지 차올라온 물속에서 공포와 추위뿐 아니라, 이미 흙이 무너질 때 흙에 깔려 죽은 동료들의 시체를 보면서 절망이 되었습니다. 그러나 그 가운데서도 나는 살아야 한다고 결심하였습니다. 아내와 두 아들의 얼굴을 차례로 떠올리며 '나는 살아야 한다. 나는 살아야 한다.' 하고 스스로 다짐하며 이를 악물고 견뎠습니다. 그리고 내가 배설한 똥과 오줌을 먹었습니다. 의식이 가물 가물거려 곧 죽을 것만 같을 때도 '나는 기어코 살아야 해, 그래서 아내와 두 아들을 만나야 해.' 다짐했습니다." 결국 의식을 잃으면서도 계속해서 고백한 그 고백대로 그는 구조되어 사랑하는 아내와 두 자녀를 만나게 된 것입니다.

혀에는 살리는 능력이 있다. 무엇이든지 긍정적으로 생각을 하고 긍정적인 말을 할 때, 그 고백대로 된다는 사실을 기억해야 한다.

마음을 강하게 하는 이백열세 가지 이야기

145. 《가룟유다 나무》

영국의 어느 지방에서 열두 그루의 나무를 심었다고 한다. 그리고 각각의 나무에 예수님의 열두제자들의 이름을 붙여 주었다. 첫 번째 나무는 베드로, 두 번째 나무는 요한, 세 번째 나무는 야고보…. 이런 식으로 이름을 적은 팻말을 나무 앞에 세워놓았다.

그런데 놀라운 사실은 1년 후에 가서 보니 가룟유다 나무가 죽어 있더라는 것이다. 나중에 그 이유를 조사해 보니 지나가는 사람마다, 가룟 유다 나무에 계속 저주하다 보니 그 말대로 말라 죽었다는 것이다.

사람의 말은 사람을 죽일 수 있는 무서운 힘이 있다. 헬라 속담에 "혀는 뼈 하나 없고 아주 약하고 작지만 많은 사람을 찌르고 죽인다."라는 말이 있다.

146. 《식물인간》

어떤 처녀가 유능하고 인물 좋은 남자와 교제하다가 결혼하게 되었다. 남편이 워낙 인물이 좋았기 때문에 주위에 여자들이 끊이질 않았다. 그래서 애정 관계가 복잡했다. 너무 속상해서 부인이 속으로 이렇게 불평했다. '차라리 혼자 사는 것이 좋겠다. 교통사

고라도 나서 죽어버려라.'

그러던 어느날 밤 남편이 한강 변 조용한 숲속에서 술을 마시고 돌아오다가 교통사고로 식물인간이 되었다. 자기가 말한 대로 된 것이다. 이제는 부인이 울면서 "일 년 내내 바람을 피워도 좋으니 살아만 주시오."라고 했다.

친절한 말은 친절한 것으로, 선한 말은 선한 것으로 거두어진다.

우리는 매사에 긍정적이며 창조적인 말을 해야 한다.

147. 《기도와 식물》

프랑크린 워드라는 목사가 축복 기도에 대하여 식물을 놓고 실험을 해 본 결과를 발표했다. 그 목사는 화분 두 개에 보리 씨앗을 심어 놓고 한쪽 화분만을 위하여 기도했다는 것이다. 그렇게 기도한 얼마 후 축복 기도한 쪽 화분의 보리가 월등히 자랐다. 하도 이상하여 화분을 바꾸어서 기도해보고 또다시 기도해 보기를 5년을 실험해 보았는데 축복 기도한 쪽의 화분의 보리만 잘 자랐다. 그래서 그는 『기도는 식물에 어떤 영향을 주느냐?』라는 책을 저술하였고, 많은 신자가 그 책을 읽고 큰 감화를 받았다고 한다.

148.《고추 잘라 버려라》

어느 시골에 한 가정이 있었다. 아버지는 논에 나가고 어머니는 부엌에 있었는데 방에서 큰아이가 "엄마, 아기가 오줌 싸!"라고 했다. 짜증이 난 어머니는 "아이고 지겨워, 그놈의 자식, 고추를 잘라 버려라!"라고 소리쳤다.

그런데 조금 지나자 갑자기 방에서 아기 울음소리가 유달리 크게 나서 그 어머니가 뛰어 들어가 보니, 큰아이가 가위를 들고 있고 아기는 피가 범벅이 되어 있었다. 어머니는 가위를 빼앗아 던진다는 것이 그만 큰아이 복부에 맞아 큰 아이가 죽고 말았다. 말 한마디 실수로 두 아이를 잃은 어머니는 외양간에 가서 목을 매고 죽었다.

뒤늦게 돌아온 아버지는 소를 외양간에 들여보내려고 했는데 소가 들어가다가 시체에 놀라 뒷발질을 하는 바람에 그만 복부가 채여서 죽고 말았다고 한다.

149.《사형수의 최후진술》

한때 우리 사회를 떠들썩하게 했던 지존파의 대부가 법정에서 사형 선고를 받았다. 그 때 그는 옛날을 회고했다. 17년 전에 초등학교 시절에 학교의 선생님께서 호되게 그를 꾸지람했다.

"왜 너는 그림 그리는 걸 알면서도 크레용을 가져오지 않았느냐? 왜 번번이 가져오지 않느냐? 무슨 정신이냐?"

아무리 나무라도 그는 말이 없었다.

"너무 가난하고 가정 형편이 어려워서 못 가져왔습니다."라는 그 말을 하고 싶지 않았다.

선생님은 그가 주의를 잘못 하는 줄 알고, 생각이 모자란 줄 알고, 혹은 반항하는 것처럼 생각해서 아주 충혈된 눈으로 그를 노려보면서 마구 때렸다. 때리던 끝에 이렇게까지 말했다.

"이 녀석아! 훔쳐서라도 가져와야 할 것 아니야. 준비물을 왜 안 가져오느냐?"

그때부터 이 아이는 빗나갔다. 그리고 그는 사형장에서 최후 진술을 했다.

"초등학교 선생님의 그 한 마디가 내 일생을 바꾸어 놓았습니다. 그때부터 훔쳤습니다. 도둑질하는 것을 배웠습니다. 도둑질하는 것을 즐겼습니다. 오늘의 내 운명은 이렇게 됐습니다."

150. 《말의 위력》

• "말 한마디로 천 냥 빚을 갚는다."(속담)

마음을 강하게 하는 이백열세 가지 이야기

- "말이 씨가 된다."(속담)

- "사람의 말은 곧 그 사람의 성품을 의미하는 것이다."(허쉘 포오드)

- "말은 한 사람의 입으로 나오지만 천 사람의 귀로 들어간다." (미상)

- "쟁반은 소리를 들어보아 그 흠의 유무를 알고 사람은 그 말의 소리로 그 사람의 인격을 안다."(데모스테니스)

- "입을 지키는 자는 그 생명을 보전하나 입술을 크게 벌리는 자에게는 멸망이 오느니라"(잠13:3)

- "지혜로운 자의 혀는 양약과 같으니라"(잠12:18)

맹신

151. 《주여 믿습니다》

산 기도를 하고 내려오던 몇 사람이 골짜기 개울을 건너려고 하는데 갑자기 쏟아진 비로 인하여 개울물이 불어나 급류를 이루고 있었다. 한 사람이 "우리가 함께 믿음으로 건너자." 하고 제의하니 그러자고 모두 동의했다.

그들이 서로 손을 잡고 물속으로 들어가면서 "주여 믿습니다!" 하고 외쳤다. 그 결과 모두 급류에 휘말려 떠내려갔고 그 시신들이 한강 하류에서 발견되었다. 이런 식의 믿음이 문제다. 그들은 모험을 감행한 것이지 성경이 가리키고 있는 믿음으로 행한 것이 아니었다. 하나님께서는 우리가 무턱대고 행하는 모험을 책임지시지 않는다.

마음을 강하게 하는 이백열세 가지 이야기

모래 터전

152. 《무너진 삼풍》

1995년 6월 29일, 서초구 서초동에 있는 삼풍백화점이 무너졌다. 지은 지 불과 5년밖에 안 된 건물이었다. 이때 죽은 사람이 무려 1,500명이나 된다. 시체를 확인하지 못한 사상자가 더 될지도 모른다.

전문가들이 말하길, 이 건물은 무너지도록 설계되어 있다고까지 말했다고 한다. 회장이라는 사람은 큰 교회의 안수 집사였다. 설계 도면을 수십 차례 변경하고는 관할 구청의 허가나 승인조차 받지 않고 영업을 시작했다. 규격의 절반에도 미치지 못하는 건축 자재를 사용했다. 시멘트가 떨어져 나가고 물이 새어 나오는데도 보수는 하지 않고 합판 조각이나 비닐 벽지로 막았다. 기둥도 몇 개씩이나 뽑아 버려서 건물을 지탱하기도 힘들었다고 한다.

1995년 6월 29일 오후 5시, 결국 이 백화점은 무너졌다. 무너지기 5분 전까지만 해도 백화점은 문을 열고 장사를 하고 있었다. 돈, 돈, 돈, 돈밖에 몰랐다. 그러나 막상 일이 터지자 회장이나 관계자, 요직에 있던 사람들은 다 도망을 쳤다.

그런데 그 건물 한쪽 귀퉁이에 있는 조그마한 사무실에는 교회 간판이 붙어 있었다. 건물주는 임시 건물 구석에 교회 간판을 걸어놓고 "주일에 교회까지 갈 것 없다. 여기서 예배드려라." 하고 직원들을 주일에 교회도 가지 못하게 했다. 그런데도 이 사람이 교회 안수집사였다.

한 달 전부터 건물에 붕괴 조짐이 보였다. 직접 눈으로 확인도 했다. 그러나 백화점 매상에 차질을 빚을까 봐 쉬쉬하면서 영업을 강행했다. 칸막이를 세워 놓고 부분 수리를 해서 사람들의 눈을 속였다. 건물이 무너지기 시작할 때도 사람들에게 공고도 하지 않았다. 결국 1,500명이 매몰당하고 말았다. 회장이 감옥에 간 것은 물론이고 여태까지 벌어 놓은 돈은 다 어디로 갔겠는가? 한순간에 없어지고 사라지게 되었다. 부실 공사이기 이전에 이 사람의 신앙이 부실 신앙이었다. 그는 양심을 저버렸다.

모성애

153. 《어미 새의 사랑》

러시아 작가 이반 투르게네프이반 투르게네프(Ivan Sergeevich Turgenev)라는 사람은 『어미새의 사랑』이라는 작품에서 이렇게 묘사한다.

참새 새끼 한 마리가 강풍에 그만 둥지에서 떨어졌다. 바람 부는 날 참새 새끼가 떨어지자 커다란 개가 달려가 한입에 삼키려 하였다.

이때 고목나무에 앉아 있던 어미 참새가 안타까워 어쩔 줄 몰라 하다가, 급기야 울부짖던 어미 참새는 급히 자기의 새끼를 삼키려는 개 앞으로 돌진하여 날아갔다. 목숨을 건 어미 참새는 개의 코를 자기의 작은 부리로 쪼아대며 공격하였다.

작은 참새새끼를 한입에 삼키려던 개는 갑자기 어미 새에게 사납게 공격당하자 당황하였으나 곧이어 이 어미 참새를 한발로 내리쳐 떨어뜨렸다. 그러자 어미 참새도 질세라 땅에 떨어져 부러진 날개를 펄럭이며 소리치며 개를 향한 기세를 누그러뜨리질 않았다.

개는 이 모습에 그만 뒤로 물러선다. 새끼를 살리기 위하여 생명을 내놓는 그 모성애에 질려 버린 것이다.

개의 주인은 그때 재빨리 개를 불러 그 자리를 떠났다고 한다.

154. 《까마귀》

까마귀는 자기의 어미에게 가장 효도를 잘하는 새다. 까마귀는 산속에 집을 짓고 알을 낳고 품다가 새끼가 부화가 되어서 나오면 어미와 아비 까마귀는 새끼에게 한 번도 먹을 것을 물어다 주지 아니한다. 그 새끼들 스스로 자기들이 먹을 것을 찾아 먹고 자라게 한다. 그러나 그 어미와 아비 까마귀가 늙어서 날개털이 빠지고 날지 못하게 되면 골짜기에 죽치고 앉아 있는데, 그 새끼 까마귀들이 죽는 날까지 먹을 것을 가져다 먹이고 또는 업고 다니면서 부모를 봉양한다. 이것을 반포지효(反哺之孝)라고 한다.

목숨

155.《15분》

「15분」이라는 연극 각본이 있다.

유망한 청년이 30세에 대학을 마친 후 결혼을 앞두고, 박사 학위 논문을 제출해 놓았는데, 그만 병이 들어 의사로부터 15분 후면 죽는다는 선고를 받게 된다. 그는 불안과 초조함에 떨며 몸부림하기 시작한다.

그러는 사이에 시간은 15분, 14분, 12분, 11분 남게 된다. 그때 "편지요!" 하는 소리와 함께 편지가 배달된다. 편지 내용은 억만장자 삼촌이 돌아가셨다는 소식이었고, 그 삼촌의 재산상속자가 귀하라는 변호사의 통보서였다.

청년이 몇 분 남았느냐고 물어보는 시간에, 시계는 청년의 생명이 10분, 9분, 8분이 남았음을 가리킨다. 그때 "편지요!" 하면서 또한 통의 편지가 배달된다. 편지 내용은 박사 학위 논문 통과 통지서였다.

시간은 7분, 6분, 5분, 4분 남았음을 가리키는데 또 "편지요!" 하면서 또 한 통의 편지가 배달되고, 사랑하는 사람의 부모님이 결혼을 승낙했다는 애인의 편지였다.

드디어 시계는 3분, 2분, 1분이 지나면서 그 청년은 숨을 멈추는 것으로 그 연극의 각본은 끝이 난다. 억만장자의 상속권도, 박사학위도, 결혼 승낙도 그 청년의 생명을 대신할 수 없는 의미 없는 것이 되고 말았다.

"사람이 만일 온 천하를 얻고도 제 목숨을 잃으면 무엇이 유익하리요 사람이 무엇을 주고 제 목숨을 바꾸겠느냐?"(마16:26)

목적

156. 《올꾼》

옛날 평양에 올꾼이라는 종이 있었다. 올꾼이는 요사이말로 몇 %가 부족한 사람이었다. 그는 주인의 말이라면 무엇이든지 잘 따르는 충직한 종이었다. 그런데 하루는 주인이 이 올꾼을 급히 부르더니 이렇게 말했다.

"얘, 올꾼아! 너는 내일 아침 일찍 용강(龍岡)에 좀 다녀와야겠다. 그러니 그렇게 알고 준비하고 있거라."

"예, 주인님. 잘 알겠습니다. 분부대로 따르지요."

용강은 평안남도 남부에 있는 군 소재지로 평양에서 40여 ㎞ 정도의 거리다.

그 이튿날 아침이 되어 주인은 올꾼을 찾았지만 아무리 찾아도 보이지 않는 것이다.

"아니, 이놈이 어딜 갔어. 내가 어제 분명히 오늘 용강에 다녀와야 할 일이 있다고 했는데, 이런 괘씸한 놈 같으니라고."

주인은 화가 머리끝까지 올라와서 올꾼을 찾기만 하면 혼을 내

주려고 벼르고 있었다. 그런데 저녁때쯤이 되자 드디어 올꾼이 피곤한 모습으로 집에 나타났다. 그때 주인은 집에 들어온 올꾼에게 호통을 쳤다.

"네 이놈! 오늘 용강에 다녀와야겠다고 준비하라 했거늘 어디에 갔다가 이제야 어슬렁어슬렁 들어오는 거냐?"

"주인님, 저는 주인님이 어제 저에게 용강에 다녀올 일이 있다기에 지금 거기에 다녀오는 길입니다."

올꾼이는 이유도 목적도 없이 주인이 용강에 갔다 와야 한다기에 그냥 아침 일찍 용강으로 갔던 것이다. 만사에 목적 없는 행위는 무의미하다.

무신론

157. 《뉴 웰리스(Lew Wallace)》

　미국 작가 뉴 웰리스라는 사람은 철저한 무신론자였다. 그는 친구들로부터 반기독교적인 작품을 쓰라고 권유받고, 기독교인들을 퇴치하려고 작품을 쓰기로 했다. 그는 구미 여러 도서관에서 2년간 많은 자료를 수집하여, 그의 책 제1장을 쓰고 제2장의 첫 페이지를 쓰다가, 성경의 허구성을 파헤쳐 보기로 결심했다. 그래서 그는 성경을 구하여 파헤치기 시작했다. 그가 성경의 오류를 발견하기 위해 열심히 성경을 보는데, 구구절절이 연구하며, 5번을 읽다가 예수를 만났다. 성령의 역사에 의하여 오히려 그의 바벨탑 같던 마음의 성채가 조금씩 무너지기 시작했다. 결국 놀라운 진리 앞에 무릎을 꿇지 않을 수 없게 되었다. 그리하여 그는 하나님의 아들 주 예수 그리스도가 자신의 구세주이심을 발견하고, "당신은 나의 주 나의 하나님"이라고 부르짖었다.

　그 후로 그는 무신론에 대한 책을 불살라 버리고, 세계적으로 유명한 『벤허』라는 책을 써서, '사시고 참되신 하나님'을 증거했다.

158. 《무신론 대회》

어느 나라에 무신론자들이 집단으로 모여 사는 마을이 있었다.

하루는 그 마을 사람들이 유명한 박사 몇 분을 초빙하여 공회당에서 무신론 강연회를 개최했다. 그러자 호기심 많은 사람이 원근 각처에서 모여들었다.

첫 번째 연사는 의학박사였다.

"여러분, 저는 수십 년 동안 수많은 환자를 수술했고, 동료 의사들이 집도하는 것을 보았습니다. 뇌 수술, 폐 수술, 심장 수술, 위 수술 등을 말입니다. 하지만 나는 사람의 뇌에서도, 심장에서도, 폐에서도, 그 어느 부분에서도 기독교인들이 말하는 영혼은 찾아보지 못했습니다. 그러니 그들이 주장하는 영혼이 있다는 말은 말짱 거짓말입니다…."

강연이 끝나자 청중들의 우레와 같은 박수가 터졌다.

두 번째 연사는 천문학박사였다.

"여러분, 저는 수십 년 동안 천문대에서 망원경으로 수많은 별과 천체를 관찰하였지만, 기독교에서 말하는 천당이라는 곳은 찾아보지 못했습니다. 그러니 기독교에서 주장하는 천당은 없습니다…."

역시 청중들의 열렬한 박수가 터져 나왔다.

세 번째 연사는 문학박사였다.

"여러분, 저는 평생 수많은 책을 읽었는데, 그 어느 곳에서도 기독교에서 말하는 하나님을 발견하지 못했습니다. 그러니 기독에서 말하는 하나님은 말짱 거짓말입니다…"

그도 역시 청중들의 열렬한 박수를 받았다.

그들의 강연이 끝나고 청중들에게 질문 시간이 주어졌다. 그때 뒷자리에 있던 오십 대의 남자 한 명이 손을 들었다.

"여러분, 제가 박사님들에게 차례로 질문 하겠습니다. 제일 먼저 강연하신 의학박사님께 묻겠습니다. 박사님은 수많은 환자를 직접 수술도 하고, 동료 의사들의 수술을 지켜보았다고 하면서 기독교 인들이 주장하는 영혼은 없다고 주장하셨습니다. 그럼 혹시 박사 님은 부인이 있습니까? 또 있으시다면 그 부인을 사랑하십니까?"

그러자, 박사는 '그렇다'고 대답했다. 남자는 다시 말했다.

"그렇다면, 박사님이 부인을 사랑한다는 그 '사랑'은 도대체 어디에 있습니까? '뇌'에 있습니까? '폐'에 있습니까? '심장'에 있습니까? 제가 알기로는 웃을 때는 얼굴에 있는 것 같고, 윙크할 때는 눈에 있는 것 같고, 손으로 만질 때는 손끝에 있는 것 같고, 키스할 때는 입술에 있는 것 같은데, 과연 박사님은 사랑이 어느 부위에 있다고 생각하십니까? 이처럼 보이지 않는 영혼의 존재도 그러하다고 생각지 않으십니까?"

그러자 의학박사는 대답할 말을 찾지 못하고 묵묵부답이었다. 남자는 계속 말했다.

"두 번째로 강연하신 천문학박사님께 묻습니다. 아무리 망원경으로 천체를 살펴보아도 천당은 없다고 말씀하셨는데, 우리가 느끼는 바람은 어떻게 생겼습니까? 길쭉하게 생겼습니까? 넓적합니까? 둥그렇습니까? 바람이 눈으로 보이지 않아도 있는 것처럼 천당도 그와 같다고 생각지 않으십니까?"

천문학박사 역시 고개를 들지 못했다. 남자는 계속해서 말했다.

"세 번째 강연하신 문학박사님께 묻습니다. 박사님은 수만 권의 책을 읽으셨다고 하셨는데, 도대체 성경은 몇 번이나 읽어 보셨습니까?"

문학박사는 "한 번도 읽어 보지 못했다."라고 했다. 그러자 남자는 말했다.

"과학을 알아보려면 과학자에게 알아봐야 하고, 법률을 알아보려면 법률가에게 문의해야 하고, 한방을 알아보려면 동의보감을 공부하는 것이 상식으로 알고 있습니다. 또한, 종교에 대하여 의문 사항이 있으면 일생을 종교에 몸을 바친 종교가에게 알아보아야 할 것입니다. 박사님은 문학에 대해서는 자신 있게 논할는지 몰라도 신앙에 대하여 논한다고 하는 것은 무리라고 생각되지 않습니까? 더구나 기독교인들이 믿는 성경도 한 번 제대로 못 보신 상태에서 말입니다.

박사님들! 나도 예수 믿기 전에는 술주정뱅이에 노름꾼이었으며 부부싸움 잘하고 온갖 인생의 실패를 맛본 사람입니다. 그런데 지금은 예수 믿고 죄 사함 받아 새사람 되고 나니, '마음이 청결한

자는 복이 있나니 저희가 하나님을 볼 것임이요.'라는 말씀처럼, 지금 나는 조금도 의심치 않고 마음으로 믿어서 하나님을 봅니다. 나는 내 육안(肉眼)으로는 하나님을 보지 못했어도 지금 내 영안(靈眼)으로, 즉 믿음의 눈으로는 하나님을 봅니다. 그러므로 내 마음에 평안과 기쁨이 충만하니, 이것이 하나님과 천국이 있다는 증거가 아니고 무엇입니까?"

이상과 같은 그의 말에 모든 청중이 기립하여 우레와 같은 박수로 그에게 화답했다.

159. 《체스터 베델》

미국에 유명한 무신론자 '체스터 베델'이라는 사람이 있었다. 그 사람은 여든두 살이던 1908년에 세상을 떠난 사람이다. 그는 죽기 전에 자기 무덤 앞에 세울 동상을 하나 만들었다. '미신'이라고 써넣은 성경책을 자기가 짓밟고 있는 모습이었다. 그리고 '만일 하나님이 있다면, 그리고 성경의 진리가 사실이라면, 나의 무덤과 시체에 뱀들이 우글거릴 것이다.'라는 글귀도 새겨넣었다. 그것은 그가 평소에 입버릇처럼 장담하는 말이기도 했다.

그 후 그가 죽자 그의 후손들이 체스터 베델의 유언대로 그의 무덤 곁에다 그 동상을 세워 주었다. 그런데 그를 매장하고 나서부터 그의 묘지에는 그가 스스로 저주를 자청한 대로 헤아릴 수 없이 많은 뱀이 득실거리기 시작했다. 참으로 묘한 일이었다. 어느 날이든지 뱀을 보려면 그 묘지에 가면 되었다.

체스터 베델의 무덤은 미국 전역에서 유명해졌다. 그래서 그것이 사실인지 알아보기 위해 잡지사와 신문사 기자단 스무 명이 1989년 10월 30일, 그곳에 갔다. 그들은 체스터 베델의 무덤에 가까이 이르기 전 멀리서부터 세 마리의 뱀을 발견했고, 체스터 베델의 무덤과 동상이 서 있는 곳에서는 뱀 떼를 보았다. 마을 사람들의 증언에 의하면, 뱀들을 죽이면 죽일수록 더 많아지는 것 같다고 증언했다는 것이다.

그래서 또 다른 미국 잡지의 편집인 제럴드 비라는 기자도 그것을 재확인하기 위해 취재팀과 함께 그곳에 갔다. 그런데 그들도 처음에 무덤을 한 바퀴 돌면서부터 여섯 마리나 발견했다고 한다. 그날 무덤 파는 인부의 증언에 의하면 "당일 오전에도 자기가 뱀을 네 마리나 죽였고, 하루에 스무 마리까지도 죽인 일이 있었다."라고 들려주면서 이런 말을 했다. "알 수 없는 일이죠. 혹 하나님께서 이 일에도 섭리하고 계시는지…."

160. 《어리석은 자》

옛날에 장삼이라는 사람이 살았다. 땀 흘려 일해서 은 삼백 냥이라는 큰돈을 벌었다. 이 돈을 상자 속에 넣고 자물쇠를 채웠다. 그러나 마음이 놓이지 않았다. 한밤중에 일어나 은을 상자에서 꺼내 단지 속에 넣었다. 그리고 누가 보는 사람이 없나 주위를 살피면서 뒷밭에 구덩이를 파고 단지를 꼭꼭 묻었다. 그래도 마음이 놓이지 않았다. 더 좋은 방법이 없을까 궁리하던 장삼은 나무판에 이렇게 써서 단지를 묻은 밭에 꽂아 놓았다.

[이곳에 은 삼백 냥 없음]

그리고 나서야 안심하고 돌아가서 잠을 잤다.

그런데 그 밤중에 장삼의 행동을 몰래 훔쳐보고 있던 사람이 있었다. 바로 옆집에 사는 아얼이라는 사람이었다. 그는 장삼이 잠든 것을 보고는 몰래 담을 넘어와 단지를 파내어 은 삼백 냥을 훔쳐 갔다. 이 아얼은 스스로 지혜롭다고 생각하던 사람이었다. 그는 분명히 장삼이 다음 날 돈이 없어진 것을 알면 자기를 의심하리라는 것을 잘 알고 있었다.

그래서 꾀를 냈다. 나무판에 이렇게 써서 꽂아두었다.

[옆집 아얼이 절대로 훔치지 않았음]

하지만 이 사람들보다 더 미련한 사람이 있다고 성경 시편 14편 1절에는 기록되었다. "어리석은 자는 그 마음에 이르기를 하나님이 없다 하느니라."

161. 《볼테르》

18세기 프랑스의 철학자인 볼테르는 "기독교를 전파하는 데는 여러 세기가 걸렸지만, 단지 한 사람의 프랑스 사람이 어떻게 기독교를 50년 안에 파멸 시켜 버릴 수 있는지를 보여 주겠다."라고 하였다.

그는 글을 쓸 때마다 신을 부정하는 마음으로 작품을 쓰기 시작했다. 그가 죽은 지 20년 후에 제네바 성경협회는 성경을 펴내기 위한 사업의 일환으로 그의 집을 사게 되었고, 그 후 그 집은 영국과 외국의 성경협회를 위한 파리 본부로써 사용되고 있다.

성경은 계속 세계에서 가장 많이 읽히고 있으며, 볼테르의 저서는 전 6권 한 세트가 90센트에 팔리고 있다. 그는 임종 시 "나는 태어나지 말았어야 했는데…"라고 말하면서 숨을 거두었다.

162. 《클레런스 대로우》

미국에 클레런스 대로우라는 법률가가 있었다. 그는 무신자이며 무정부주의자였다. 1930년대 미국에 대공황이 시작되자 자신의 무신론을 선전할 기회라고 생각했다. 그래서 강연을 다니며 "하나님이 살아 계신다면 이 어려운 사정을 주시겠습니까? 우리는 다 잃어버렸습니다. 이것만 보아도 신은 없는 것이 분명합니다." 하며 무신론을 주장했다.

하루는 그가 흑인들을 모아놓고 강연을 했다.

"여러분 우리는 모든 것을 잃어버렸습니다. 꿈, 재산, 노래까지 잃어버렸습니다. 이런 상황에서 어떻게 노래할 수 있다는 말입니까?" 하고 소리쳤다. 그때 갑자기 뒤에서 한 할머니가 손을 번쩍 들더니 말했다.

"박사님 저는 노래할 수 있습니다."

"아니, 어떻게 이런 지경에서 노래할 수 있다는 말입니까?"

"주님 때문에 노래할 수 있습니다. 주님이함께하시기 때문에 노래할 수 있습니다."

여기저기에서 "맞습니다.", "할렐루야 맞습니다.", "예수님 때문입니다."라고 외쳤다. 그들은 미국 역사 속에서 가장 힘들었던 때에도 주님이 함께하심으로 좌절하지 않고 소망 중에 노래했다. 무신론을 주장하던 그는 고개를 떨구지 않을 수 없었다.

163. 《태양을 똑바로 보라》

어떤 로마인이 랍비를 찾아와서 "당신들은 하나님 이야기만 하고 있는데, 도대체 그 하나님이 어디에 있는지 가르쳐 주시오."라고 말하며, 그걸 가르쳐 주면 자기도 하나님을 믿겠다고 하였다.

랍비는 이 질문을 못 들은 척할 수가 없었다. 그래서 랍비는 그 로마인을 밖으로 데리고 나가 태양을 가리키며 말했다.

"저 태양을 똑바로 쳐다보시오."

그러자 로마인은 태양을 잠깐 쳐다보고는 소리쳤다.

"엉터리 같은 소리는 집어치우시오! 어떻게 태양을 똑바로 쳐다볼 수 있단 말이오?"

그러자 랍비는 다음과 같이 말했다.

"당신이 하나님께서 창조하신 태양도 바로 볼 수가 없다면 어떻게 위대하신 하나님을 눈으로 볼 수 있겠소."

164. 《5분 안에 죽이라》

어떤 무신론자 한 사람이 길거리에 서서 군중들을 모아놓고 빈정대며 소리쳤다.

"만일 하나님이 있다면 5분 안에 나를 죽여 보시오. 만약에 5분

마음을 강하게 하는 이백열세 가지 이야기

안에 나를 죽이지 못하면 하나님은 없는 것이오."

군중들은 술렁대기 시작했다. 그리고 무슨 일이 일어나려나 잔뜩 긴장하고 지켜보고 있었다. 이윽고 5분이 지났다. 그러나 그곳에는 아무 일도 일어나지 않았다. 그러자 그는 기가 살아서 펄펄 뛰면서 군중들을 향해 더욱 큰 소리로 소리쳤다.

"여러분, 보셨습니까? 하나님은 없습니다. 하나님이 있다면 왜 나를 죽이지 못했겠습니까?"

그때 참다못한 한 노부인이 조용히 그에게 다가갔다. 노부인은 나직한 목소리로 이렇게 물었다.

"당신에게 자식이 있소?"

그는 아들이 하나 있다고 대답했다.

"그러면 만일 당신의 아들이 칼을 아버지 손에 쥐여 주면서 5분 안에 자기를 죽여 달라고 말을 한다면 당신은 어떻게 하겠소?"

그는 성이 나서 씩씩거리며 말했다.

"도대체 나를 보고 무슨 소릴 하는 거요? 내 아들이 얼마나 소중한데 내가 왜 아들을 죽이겠소?"

그때 그 부인이 조용히 말했다.

"마찬가지요. 세상의 어느 부모가 아들이 죽여 달라고 죽이는 부모가 있겠소? 하나님도 마찬가지요. 하나님도 역시 당신을 사랑하고 있는 겁니다. 그래서 당신의 뚱딴지같은 소리를 듣고도 그것을 받아들이지 않는 겁니다. 당신이 너무 불쌍해서 하나님이 참고 있으신 거지요."

그 사람은 더는 아무 말도 하지 못했다.

165. 《우주 비행사 유리 가가린(Yurii Alekseevich Gagarin)》

소련 우주 비행사 유리 가가린이 한 초등학교를 방문했다. 열광하는 어린이들의 모습을 보면 그는 가히 우상과 같은 존재였다. 가가린은 교단 위에 올라서서는 엄숙한 표정을 지으며 말했다.

"여러분! 저는 이번에 지구 밖의 외계에 다녀왔습니다. 그 장엄한 우주의 공간을 꿰뚫고 올라가 지구를 내려다보면서 내가 우주인이 되게 한 조국에 감사하며 자부심을 가졌습니다. 그런데 여러분 하나님의 아들이라는 사람이 베들레헴 말구유에 탄생하여 자기를 전하다가 십자가에 사형을 당했습니다. 그 죽은 예수가 삼 일 만에 다시 무덤에서 살아나서 많은 사람이 주목하고 있는 가운데 내가 우주선을 타고 하늘로 올라갔듯이 그가 구름을 타고 하늘로 올라가서 하나님과 함께 계신다고 했습니다. 나는 결심했습니다. 그 하나님과 예수가 있는 곳을 찾아보려고 말입니다. 우주선 밖을 아무리 둘러보고 살펴보아도 하나님과 예수는 만나지 못하였고 그들이 살고 있다는 천국도 보지 못하였습니다. 위에는 태양, 달, 아래는 아름다운 지구뿐이었습니다. 그러므로 내가 본 하늘에는 천국과 하나님은 없다는 것을 확실히 믿습니다."

아이들의 우레와 같은 박수 소리가 멎기를 기다렸다는 듯이 한 작은 어린아이가 일어나서 소리쳤다.

"가가린 동무, 그 하나님과 그 천국은 유대 땅 베들레헴에 탄생하신 후로부터 지금까지 나의 마음속에 나와 같이 있기 때문에 가가린 동무의 눈에는 보이지 않습니다. 그 천국과 예수는 내 마음속에 있기에 나는 우주선을 타고 지구 밖으로 나갈 필요를 느끼지 않습니다. 나는 이 교실 안에서도 예수님을 보고 있습니다."라고 했다.

그러자 아까보다 더 우렁찬 박수 소리가 교실을 가득 채웠고 가가린은 고개를 숙였다.

미신

166.《동양인의 신》

세상에는 미신을 찾는 사람들이 너무도 많다. 자연 만물인 해 (日), 달(月), 별(星), 고목나무, 바위, 죽은 조상이나 짐승들을 신으로 믿는 사람들이 많이 있다. 금(金), 은(銀), 돌(石), 나무(木)로 만든 형상들도 숭배한다.

중국 사람들은 제사를 지내며 수많은 죽은 조상들을 신으로 숭배한다. 인도 사람들은 소를 신으로 섬기며, 힌두교에서 파생된 신이 3억 3천이나 된다. 일본 사람들도 신의 수가 800만이나 된다고 한다. 한국의 잡신도 동쪽에는 천제귀신, 서쪽에는 백제귀신, 북쪽에는 흑제귀신, 중앙에는 황제귀신, 집에는 조성귀신, 들보에는 성주귀신, 부엌에는 주방귀신, 안방에는 제석귀신, 마당에는 오방귀신, 신장에는 도주귀신, 대문에는 문귀신, 우물에는 수활귀신, 변소에는 획귀신, 총각은 몽달귀신, 처녀는 악귀신, 산신, 수신, 목신, 토신, 석신, 일신, 월신, 천하대장군, 지하여장군 등등 헤아릴 수 없이 많다.

마음을 강하게 하는 이백열세 가지 이야기

167. 《빗나간 점괘》

　유명한 운명철학가가 있었다. 많은 고객을 확보하고 명성을 날리던 사람이었다. 사주팔자, 관상, 운명을 귀신같이 알아맞히고 복채에 따라 처방을 해주는 사람이었다. 그런데 가끔 자기 점괘나 운명 진단이 틀리는 경우가 있었다. 꼭 망할 사람인데 망하지 않고, 꼭 병들어 누워 있어야 할 사람인데 건강하게 활보하고 있고, 죽을 사람인데 잘살고 있는 케이스들이었다. 그래서 그들의 배후와 배경을 조사해 보았다.

　그리고 발견한 것은 그들 모두가 예수를 믿는다는 것이었다. 그는 그 예수가 궁금했다. 가난을 풍요로 바꾸는 예수, 고통을 기쁨으로 바꾸는 예수, 실패를 성공으로 바꾸는 예수, 절망을 희망으로 바꾸는 예수, 죽음을 생명으로 바꾸는 예수가 궁금했다.

　그래서 예수를 연구하고 성경을 연구하다가 하던 일을 다 때려치우고 예수를 믿게 되었다. 값비싼 부적이 운명을 바꾸는가? 액운을 막아 주는가? 현대의학이나 정치적 배경이 나를 행복하고 건강하게 해주는가?

168. 《돼지머리 고사》

1983년 KAL 보잉 747기가 사할린 상공에서 폭파되는 사건이 있었다. 그런데 신문 보도에 의하면 그때 폭파되었던 KAL기는 사고 1주일 전에 고사를 지냈던 비행기라고 한다.

사고 1주일 전, 공항 격납고에서 사장과 간부 사원, 기술직 사원들이 다 모인 가운데 무사고를 기원하는 고사를 지냈다는 것이다. 아스팔트 위에 돼지머리와 떡을 차려 놓고 사장, 임원들이 차례로 넙죽넙죽 절을 했다. 돼지머리 수만 해도 무려 10개나 되었다. 그런데 이렇게 고사를 지낸 비행기가 사할린 상공에서 폭파되고 말았다.

돼지머리를 놓고 고사를 지낸 비행기가 1주일 만에 공중 폭발하는 대형 참사로 많은 생명이 희생당하고 말았다.

169. 《부적》

어느 대학교수가 하나님을 믿지 않는 동료에게 전도했다. 그 동료 교수는 공학박사인데 늘 교회를 비판적으로 보고 말했다.

"현대 같은 개명 천지에 종교가 왜 필요한가?"라고 비아냥거렸다.

그런데 어느 날 그의 지갑이 땅에 떨어졌는데 그 속에서 빨간 부적이 툭 튀어나왔다.

그것을 보고 함께 있던 동료 교수가 깜짝 놀라 물었다.

"당신은 평소에 종교를 비난하지 않았소. 그런데 당신 같은 지성인이 부적을 품고 다니다니 웬일이요?"

순간 겸연쩍어하던 공학박사 교수는 "사실 삶의 불안을 떨쳐 버릴 수가 없었소. 그랬더니 어머님이 이 부적을 사서 몸에 지니고 다니라 해서 넣고 다니는 것이라오."라고 했다.

그런데 후에 그 교수가 군에 있는 아들 면회를 다녀오다 교통사고가 나서 식물인간으로 있다가 결국 세상을 떠나고 말았다. 값비싼 부적도 그의 생명을 지켜주지 못한 것이다.

믿음

170. 《쟌 월턴》

쟌 월턴이라는 사람은 물결치는 대로, 바람 부는 대로 인생을 살았다. 어느 것 하나 오랫동안 집착하는 법이 없고 여기저기 기웃거리며 방랑 생활을 하다시피 했다. 그러던 중 우연히 교회에 나가 설교를 듣는 가운데 큰 변화가 그에게 일어났다.

"겨자씨만 한 믿음이 있으면 산을 옮기라고 하여도 옮길 것이요."

이 성경 말씀을 듣고 그는 겨자씨를 포켓에 넣고 다니며 "내게 아주 작은 겨자씨만 한 믿음이 있다면 내 삶은 불가능이 없다."라고 믿기 시작했다.

그는 후에 유명한 실업가로 성공했다. 그리고 71세에 은퇴할 때 엘리자베스 2세로부터 작위를 받기도 했다. 사람들이 그에게 "당신은 왜 항상 겨자씨를 포켓에 넣고 다닙니까?" 하고 물어보면, 그는 "내가 좌절할 때마다 이 겨자씨를 꺼내 보며 하나님이 겨자씨만 한 믿음이 있다면 못할 것이 없다고 말씀하셨는데 과연 나에게 겨

마음을 강하게 하는 이백열세 가지 이야기

자씨만 한 믿음이 있는가? 이렇게 돌아보며 용기를 얻었습니다."라고 대답했다.

"진실로 너희에게 이르노니 너희가 만일 믿음이 한 겨자씨만큼만 있으면 이 산을 명하여 여기서 저기로 옮기라 하여도 옮길 것이요, 또 너희가 못 할 것이 없으리라."(마17:20)

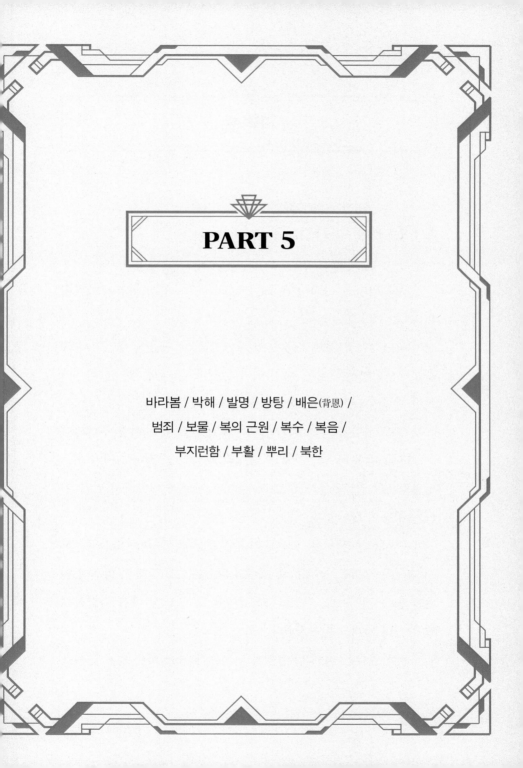

PART 5

바라봄 / 박해 / 발명 / 방탕 / 배은(背恩) /

범죄 / 보물 / 복의 근원 / 복수 / 복음 /

부지런함 / 부활 / 뿌리 / 북한

바라봄

171.《큰 바위 얼굴》

청교도 작가인 나다니엘 호돈(Nathaniel Hawthorne)의 『큰 바위의 얼굴』 이야기가 있다.

어느 마을 산마루에 사람들이 보기만 해도 마음을 편안하게 해 주는 사람 얼굴을 닮은 큰 바위가 있었다. 그래서인지 큰 바위에 얽힌 전설이 그 마을에 전해져 내려오고 있었다.

그 마을 사람들은 언젠가 큰 바위의 얼굴을 닮은 사람이 나타나서 자신들에게 행복을 안겨 줄 것이라고 믿고 있었다. 그러던 어느 날 큰 바위 얼굴을 닮았다고 하는 어떤 장군이 나타나서 마을 전체가 소동이 일어났다.

마을 사람들은 모두 그에게 기대를 걸었지만, 얼마 지나지 않아서 장군은 실망을 안겨준 채 떠나고 말았다. 그 후에 큰 바위의 얼굴을 닮은 정치가도 시인도 나타났지만, 그들 역시 마을 사람들에게 상처만 남기고 떠나버렸다.

마을 사람들은 이제 더는 행복을 가져다줄 큰 바위 얼굴을 닮은 사람은 나타나지 않을 것 같다며 희망을 포기하기 시작했다. 그런 그들의 모습을 보고 오랫동안 그 마을에 살던 한 사람이 위로의 말을 했다.

"우리는 끝까지 포기하지 말고 그 사람을 기다려야 합니다."

그때 그의 모습이 붉은 저녁노을에 비치자, 마을 사람 중 한명이 외쳤다.

"어네스트를 보세요. 저 사람이 바로 큰 바위의 얼굴입니다."

큰 바위의 얼굴을 닮은 사람은 바로 마을 토박이인 어네스트였던 것이다. 그는 어릴 적부터 산마루의 큰 바위의 얼굴을 보고 그 바위를 닮은 사람을 기다리면서 자랐기 때문에, 그는 자신도 모르게 점차 그 큰 바위의 얼굴을 닮아가고 있었던 것이다.

눈은 마음의 창이다. 눈으로 보는 것이 생각을 지배하고, 마음의 생각은 우리의 행동을 지배하며, 행동이 반복되면 습관이 되고, 습관은 우리의 성격이 되는 것이다. 그리고 성격은 우리의 운명을 결정하는 중요한 요소가 된다. 어린 시절부터 큰 바위 얼굴을 바라본 어네스트는 큰 바위 얼굴을 닮고자 하는 생각을 품게 되었고, 결국 그 생각으로 큰 바위 얼굴을 닮은 주인공이 되었다.

박해

172. 《사도 요한》

사도 요한이 밧모섬에 유배되었을 때는 주후 95년경으로 요한은
80~90세가량의 백발노인이었다. 이 밧모섬은 '스포레데스'라고 불
리는 군도(群島) 중에 하나로서 온통 자갈과 바윗돌로 되어 있던
아주 황폐하기 짝이 없는 섬이다. 그리스에서 2시간 정도 배를 타
고 들어가면 닿을 수 있는 섬으로 길이 16㎞, 폭 9㎞ 크기다. 홍도
의 2배 정도 되는 이 섬은 높은 산에 하얀 돌로 덮여 있고, 넓이가
5마일 정도 되고, 길이가 한 10마일 정도 되는 작은 섬으로서 소아
시아 해변에서 약40 마일 정도 떨어져 있었지만, 로마에서 에베소
로 항해할 때 꼭 들러야만 하는 마지막 항구였기 때문에 제법 중
요한 섬이었다고 한다.

당시 로마의 황제숭배를 거부하는 사도 요한과 같은 자들은 절
해고도(絶海孤島)와 같이 인적이 끊긴 오지로 쫓겨나서 혹독한 강
제노동을 당했다.

역사가 윌리엄 렘세이 경의 기록에 의하면, 요한은 유배 생활을

　　　　　　　　　마음을 강하게 하는 이백열세 가지 이야기

했을 때 계속해서 족쇄에 묶여 있어야만 했고, 부족한 옷가지, 부족한 음식으로 고생해야만 했고, 맨땅 위에서 잠을 청해야만 했고, 항시 채찍을 든 감시자의 눈초리를 받으며 감옥 안에 갇혀서 살아야 했다고 전한다.

요한은 절해고도 밧모섬에서 죄수의 상태에서 주님으로부터 계시를 받았다.

173. 《카타콤의 성도들》

로마에 있는 기독교인들이 로마의 극심한 박해를 피해 이 공동묘지에 들어가 살면서 유명해졌다. 그동안 이 카타콤이 세상이 별로 알려지지 않고 있다가 1854년에 카타콤이 본격적으로 발굴되기 시작하여 지금까지 발견된 로마의 카타콤은 모두 120개이며, 지하 동굴의 총연장은 900㎞나 된다고 한다. 그리고 이 지하 동굴에 묻힌 시신만 200만구나 된다고 한다. 예수님 당시 로마 인구가 100만이었던 것과 비교하면 엄청난 숫자의 시신이 이 카타콤에 묻힌 것이다.

로마에 있는 성도들은 예수를 믿는다는 한 가지 이유로 로마 황제의 극심한 박해를 받았다. 그래서 그들은 결국 안락한 집도 버리고, 목숨 걸고 모아둔 재산도 포기하고, 정상적인 생활을 하지 못한 채 박해를 피해 지하 공동묘지로 들어갔다. 그들은 그곳에서 평생 살았다. 그곳에서 결혼하여 가정을 꾸미고 자식을 낳아 기르고, 자녀들 결혼도 시키고, 부모님의 장례도 치렀다. 그런데 놀라운 것은 그러한 절망적인 상황 속에서도 그들은 절망하지 않았다는 사실이다.

그러다가 주후 313년 로마의 콘스탄틴 황제가 밀라노 칙령을 발표하여 기독교를 국교로 공인하면서 그들은 비로소 그곳 카타콤을 나올 수 있었다. 그러니까 주후 33년경 오순절 성령 강림 사건 직후부터 밀라노 칙령이 발표되었던 313년까지 무려 280년 동안이나 믿음을 굳게 지키며 지하 공동묘지인 카타콤에서 지낸 것이다.

발명

174.《벤저민 프랭클린(Benjamin Franklin)》

벤저민 프랭클린은 미국인 철학자였다. 그는 하모니카를 발명했다. 그는 또한 가로등을 발명했다. 그는 최초의 정치만화가였다. 그는 당대의 최고의 수영 선수였다. 그는 이동 순회도서관을 처음으로 제도화했다. 그는 걸프 해류를 발견했다. 그는 피뢰침을 발명했다. 그는 서머타임을 최초로 도입한 사람이었다. 그는 펜실베이니아 주지사를 4번이나 역임했다. 그는 우편을 통한 신문 배달 제도를 처음으로 도입했다. 그는 미국 동북부 지역 태풍 경로를 처음으로 그려냈다. 그는 거리에 청소과를 처음으로 창설했다. 그리고 그는 진실로 부지런했다.

만약 그가 부지런하지 않았다면 이런 어마어마한 업적들과 생산적인 일들이 가능하지 못했을 것이다. 한 사람의 부지런함이 자신은 물론 다른 많은 사람에게도 유익을 끼치게 되는 것이다.

템플대학의 러셀 콘웰 박사가 4,000명의 백만장자를 면밀하게 분석 연구해 보았더니 세 가지 공통적 특징이 있었다.

1. 뚜렷한 목적을 가지고 살았다.

2. 매사에 부지런하고 열심히 살았다.

3. 다른 사람을 원망하거나 환경을 탓하지 않았다.

175. 《말코니(Guglielmo Marconi)의 무선전신》

무선전신을 발명한 말코니는 1874년 이탈리아의 볼로냐에서 태어났다. 아버지는 이탈리아 사람이며 어머니는 영국인이었다. 어릴 때부터 기계를 만지는 일을 좋아한 그는 열두 살 때 오거스트 리기 교수의 과학교육을 받았다.

어느 날 그가 리기 교수의 실험실에 들어갔을 때 책상 위에 이상한 기계가 놓여 있었다. 리기 교수는 미소를 지으며 기계 스위치를 올렸다. 그러니 타닥타닥하는 날카로운 소리가 나면서 전기의 불꽃이 두 개의 진공관 사이를 날았다. 이것이 바로 헬쯔라는 위대한 학자가 발견한 전파다. 말코니는 놀란 표정으로 그것을 바라보고 있었다. 그러자 그의 머릿속에 한 생각이 번개처럼 떠올랐다.

지금까지 철사로 전신을 보내는 것이었는데 전파가 있어서 그것을 공중을 날린다면 전선 없이 전신이 가능할 수 있다는 생각이었다. 그 생각을 교수에게 말하니 교수는 한참 동안 충격을 받은 듯 말코니의 얼굴을 물끄러미 쳐다보며 하는 말이 지금까지 그런 생각을 하는 사람이 없었다고 했다. 유선전신이 발명된 지 30년밖에 되지 않았으며, 전화로 극히 최근에 발명되었을 때였던 것이다.

어린 소년이 무선으로 전신을 보낼 것을 착안하다니 정말 놀랍다고 리기 교수는 칭찬해 주었다.

"말코니, 그건 정말 놀라운 착상이다. 너의 그 착상을 연구로 옮겨서 끝까지 추진시켜보자. 성공만 한다면 세계적인 대발명가가 된다. 너의 한평생을 그 일에 바쳐 성공하라."

선생의 권면은 말코니의 가슴을 불처럼 타오르게 했다. 말코니는 힘을 다하여 연구하기로 결심했다. 그러나 그 연구는 1년이 지나고 2년이 넘고 3년을 연구했으나 성공하지 못했다. 전선 없이 통신을 할 수 있다니 말도 안 되는 소리라, 학자들은 모두 비웃었다. 그러나 그는 전기 미치광이가 되었다.

세상 사람들도 그를 불쌍히 보았다. 그래도 리기 교수는 말코니의 편에서 지도해 주고 격려하였다. 그 교수의 격려로 자그마치 10년 연구에 몰두하였다. 어느 겨울날이었다. 말코니는 교외에서 완성된 새 기계를 놓고 실험에 착수했다. 그러나 몇 번 발신기에서 전파를 보내도 수신기에서는 아무런 반응도 일어나지 않았다. 10년간의 노력도 결국 헛된 일이었다. 그는 실망하고 있었다. 그때 멀리서 말발굽 소리가 들려왔다. 리기 교수였다. 교수는 몇 달 전부터 맨체스터의 고등학교에 강의차 가 있었는데 먼 길을 마다하지 않고 제자의 실험 결과를 염려하여 달려온 것이다. 실패하여 실의에 빠진 그를 또 격려해 주고, 기계를 검토하기 시작했다. 그 후 다시 한번 실험하자 "지, 지, 지" 하며 수신기가 울렸다.

"말코니, 대 성공이야!" 하는 교수의 소리에 말코니는 소리를 지르며 눈물을 흘렸다. 그 후에 영국으로 건너가 계속 연구하였다.

빅토리아 여왕과 황태자가 타는 요트에 기계를 설치했는데, 황태자가 요트 위에서 갑작스레 병이 들자, 이 소식을 해안에 통신하여 큰 인기를 끌었다. 1898년에 말코니는 영국에서 도버해협을 건너 대륙으로 무선전신을 보냈으며 1901년에는 대서양을 건너 미 대륙으로 통신하는 데 성공하였다. 이 소식은 세계를 놀라게 했다. 이때 그의 나이는 27세였다. 이탈리아에서 말코니를 환영하였고, 녹색 월계관을 받아든 그는 "이 영광은 나의 은사 리기 선생님의 것입니다. 선생님의 가르침이 오늘의 영광을 얻게 되었습니다."라고 하며 그 영광의 월계관을 노 교수의 손에 쥐여 주었다. 대성공자가 된 것이다.

176. 《아이작 메리트 싱거(Issac Merrit Singer)》

미국에 싱거라는 사람이 가난한 생활 중에 병들어 누웠는데 그 부인은 용기를 잃지 않았다. 모든 가정사를 혼자 맡아 돌보며 자녀를 양육하고 간호하며 밤에는 바느질하고 낮에는 삯빨래를 쉬지 않았다. 용기를 잃지 않고 일하는 부인을 본 싱거는 어떻게 하여 아내를 도울 수 있을까 생각 중에 미싱을 연구해 내고 쇠붙이를 모아 그 어려운 병중에서도 조립하여 내었다.

이것을 발명 특허를 받아 그 미싱의 이름을 따라 '싱거'라고 이름을 붙이고 판매하여 많은 재산을 모아 아내를 기쁘게 해주고 바느질을 기계화하게 했다.

방탕

177. 《에이즈(AIDS) 환자》

일본의 유명한 잡지에 '일본의 여성 에이즈(AIDS) 환자는 이렇게 죽어갔다.'라는 제목으로 그녀를 소개했다.

그녀는 학창 시절에 예수님을 만나 살았으나 어느 날 주님을 버리고 22세 때 유흥가로 나와 3명의 남편을 바꾸어 살았으며 100명 이상의 남성을 편력했지만 참 행복을 찾지 못하고 결국 일본 최초의 '에이즈' 여성 희생자가 되었다.

그녀는 죽기 전에야 10여 년 전에 버렸던 예수님을 찾아 교회로 가서 목사님을 만났다. 그 이후에 자기를 찾아온 목사님에게 말을 할 수 없으므로 종이 위에 다음과 같이 쓰고 세상을 이별했다고 한다.

"목사님, 요즈음은 열심히 기도할 수가 없습니다. 내 몸속에는 악마가 있어요. 어찌할 수 없는 악마가 마음속에 꼭 달라붙어 있어요."

그녀는 세상의 많은 만남으로 행복을 구하려고 발버둥 쳤지만 결국 절망과 실패만을 만났다

배은(背恩)

178.《래리 에르진》

래리 에르진이라는 배가 해상에서 파선되어 가라앉을 때 많은 사람이 물에 빠져 죽게 되었다고 한다. 저마다 날 좀 살려달라고 아우성을 쳤으나 모든 사람은 자기 살기에 바빠 옆 사람들을 도외시하였다.

그때 스펜서라는 젊은 학생이 물속에 뛰어 들어가서 허우적거리는 사람들을 한 명씩 한 명씩 건져 내어 무려 17명을 구출하였다.

그 후 스펜서가 노인이 되었을 때, 어떤 사람이 묻기를 "선생님은 해상 사고에서 17명을 건졌다지요. 그렇다면 선생님에게 몇 사람이나 찾아와서 감사하다고 했는지요?" 하고 물으니, 스펜서가 대답하기를 "한 사람도 없었습니다."라고 침통하게 대답했다고 한다.

179. 《중국인 행상》

2차대전 직후에 항생 약품이 개발되었다. 이 약은 상당히 귀한 약이어서 보통 사람들은 구할 수가 없었다. 상해의 위생병원에 선교사로 가 있던 밀러 박사가 진료하게 되었는데, 하루는 허름한 행상을 한 중국인이 찾아와 진찰을 받게 되었다.

이 사람을 진찰한 밀러 박사는 이 중국인이 상당히 중병에 걸려 있어 새로 발명한 항생제를 사용하지 않으면 살길이 없음을 알게 되었다. 밀러 박사는 고민에 빠졌다. 죽어가는 이 환자를 그냥 놔둘 수는 없고, 약을 사용하자니 그 값을 치를 만한 형편이 못 되는 것 같고…. 고민하던 밀러 박사는 자신의 봉급에서 약값을 대신 갚아 주기로 하고 조제하여 그 중국인에게 주었다.

"약값이 얼마요?" 하는 중국인에게 밀러 박사는 "거저 가지고 가시오." 하고 약봉지를 쥐어 보냈다. 밀러 박사는 너무 마음이 흡족하여 그 중국인이 가는 뒷모습을 바라보며 흐뭇해했다.

그런데 복도 저 끝까지 나간 이 중국 사람은 조금 전에 지어준 그 비싼 약을 전부 땅에다 쏟아붓고 발로 비비며 "여태껏 돈을 주고 사 먹어도 낫지 않는 병이 거저 주는 약을 먹고 낫겠는가?" 하며 투덜대면서 가버렸다. 그 약은 값이 싸서 거저 준 것이 아니었다. 행상으로는 그 값을 도저히 치를 수가 없어서 거저 준 것이었다.

180. 《옛날을 기억하라》

헷셀포드 목사가 시무하는 교회에는 가난하지만 성실한 집사가 한 명 있었다. 목사는 날품팔이하면서 성실하게 살아가는 그 집사를 생각하면서 늘 하나님께 감사하며 기도했다.

그런데 이 사람이 축복을 받아서 점점 재산이 늘어나서 큰 빵 공장을 경영하는 사장이 되었다고 한다. 나중에 알고 보니 이 집사가 날품팔이할 때는 하나님을 잘 섬기고 모든 것을 하나님 제일주의 신앙을 가졌는데, 빵 공장 사장이 되고 난 뒤부터는 십일조도 하지 않고, 교회의 어떤 일을 맡기면 "아! 지금 내가 바빠서 못 합니다. 내가 회사 일 때문에 못합니다."라고 하면서 항상 하나님 일은 둘째 아니면 셋째로 하였다.

그래서 목사가 그 집사에게 심방을 갔다. 목사가 그 가정을 위하여 기도하고 난 뒤에 권면했다.

"집사님이 수입이 적고 어려울 때는 하나님을 잘 섬기셨는데, 이제 부자가 되고 살만하니까 하나님을 잊어버리신 것 같습니다. 집사님의 삶에서 하나님은 둘째 셋째로 밀려나고 돈 버는 것, 사업이 집사님의 삶의 첫 번째가 되었습니다. 순서가 바뀌었습니다. 그래서 집사님은 하나님 앞에 온전한 신앙생활을 하지 못하고 있습니다. 집사님이 가난할 때는 하나님의 은혜를 알고 하나님께 영광을 돌렸는데 이제 부유해지고 넉넉해지고 살만하니까 하나님을 잊어버린 것 같습니다. 그래서 오늘 이 시간부터 집사님을 위해서 이렇게 기도하겠습니다. '우리 집사님! 다시 가난하게 하여 주옵소서! 그래서 옛날처럼 하나님을 잘 섬기는 집사님이 되게 해 주옵소서.' 이렇게 기도하겠습니다."라고 하였다.

그랬더니 그 말을 들은 집사는 깜짝 놀라면서 그 자리에서 회개하고 그러한 삶을 바꾸었다고 한다.

범죄

181.《흉악범 코민》

엽기적인 현대판 노예 감금, 살해 사건으로 러시아가 떠들썩한 일이 있었다. 사건이 발생한 곳은 모스크바에서 북동쪽으로 960㎞ 떨어진 인구 4만 명의 소도시다. 이곳은 자본주의 바람이 불면서 마을에 러시아 내 다른 농촌들과 같이 개인 소유 창고 만들기 유행이 번졌고, 러시아 전통미를 간직한 평범한 마을이다. 이곳 전기공 알렉산더 니콜라에비치 코민은 자기 집 창고에 토굴 감옥을 만들어 놓고 여자 노예들을 사육하고 이 과정에서 모두 4명을 살해한 혐의로 체포돼 재판을 기다리게 되었다. 코민의 끔찍한 범행이 밝혀진 것은 어느 해 7월 21일, 그가 자신의 노예중 이리나 가누슈나와 결혼하기로 하고 그녀를 감옥에서 풀어준 직후 그녀가 감시 소홀을 틈타 경찰에 신고 하면서였다. 출동한 경찰이 찾아낸 토굴 속 노예 생활은 끔찍했다. 남아 있던 두 여자의 얼굴에는 러시아어로 '노예'라는 문신이 있었고, 알몸으로 토굴 벽에 연결된 개 목걸이를 목에 걸고 있었다. 경찰 조사 결과 코민은 1995년 이웃

집 여자 베라 토파예바와 그녀의 남자 친구를 처음 토굴감옥에 가뒀다. 이후 속여서 데려온 여자 5명을 함께 토굴감옥에서 길들여 자신의 성(性)노예로 삼았고 의류를 만들게 해서 마을에 내다 팔았다. 그는 또 이 과정에서 토파예바와 남자 친구 등 남자 2명과 여자 2명을 독살하고 인육을 노예들에게 먹도록 했다. 사건 전모가 드러나자 마을 사람들은 경악했다. 언제나 미소 띤 얼굴에 푸른 눈이 선해 보이던 코민의 숨겨진 악마의 얼굴을 보았기 때문이다. 러시아 지역방송은 남은 두 여인을 방송에 출연 시켜 이 사건을 알리는 한편 여인들 얼굴에서 문신을 없애기 위한 비용을 위하여 모금 운동을 벌이기도 했다.

182. 《인육(人肉)》

북한 함흥에서 30대 남자가 인육을 먹고 판매까지 하려다 붙잡혀 처형당한 것으로 전해져 충격을 주는 사건이 있었다. 함흥에서 사는 한 30대 가장이 아이들은 굶주려 죽고 아내마저 먹을 것을 찾아 가출하자 허기에 지친 나머지 한 여인을 유인, 살해한 후 인육을 먹은 것은 물론 농민 시장에서 돼지고기로 팔려다 수상히 여긴 사람들의 신고로 체포돼 공개 처형된 충격적인 사건이다. 이 남자는 최후 진술에서 가족 이야기와 함께 굶주린 나날의 비참한 생활을 털어놓으면서 자신이 너무 배가 고파 옥수수 떡 장사 아주머니를 유인해 이같은 일을 저질렀음을 고백했다. 이 남자는 처절하고 잔혹한 사건의 경위를 밝힌 다음 "너희는 지금 나를 죽이지만 머지않아 같은 운명이 될 것"이라는 비장한 말을 남겼다. 이러한 사건은 단편적이고 특수한 사례이며, 한 동네에 두 가정이 굶주림에 못 견뎌 집단 자살하는 사건도 있다.

보물

183. 《보석의 종류》

　지금까지 광물학자들에 의해 발견된 광물의 수는 약 3,500여 종이다. 그중에서 약 100여 종류만이 보석재로 사용된다. 사람들에 의해 애용되고 있는 보석은 열둘에서 열여섯 정도이며, 그중에 세상 사람들이 좋아하는 보석은 다섯 가지라고 한다.

　그 다섯 가지는 영원히 변치 않는 사랑의 상징인 다이아몬드, 정열적인 애정을 상징하는 루비, 청명한 가을 하늘을 연상시키는 덕망과 진실의 상징인 사파이어, 클레오파트라가 특별히 좋아했다는 초록색 빛깔의 에메랄드, 바다에서 발견된 보석인 진주다.

　그 밖에도 아름다운 보석들이 있는데 오팔, 자수정, 터키석, 비취, 오닉스, 가넷, 호박 등이다.

　　　　　　　　　　마음을 강하게 하는 이백열세 가지 이야기

184. 《금(金)》

금에는 여러 종류가 있는데, 그중에 순금이 가장 가치가 높다. 금 가운데는 14K도 있고, 18K도 있고 여러 종류가 있다. 금은 이미 5천 년 전부터 불변의 상징으로, 또는 영구적 가치 보존 수단으로 사용되었다.

오늘날 지구상에서 생산되는 금의 양은 한 해에 약 2천 톤 정도 된다. 그리고 지금까지 전 세계에서 생산된 금의 양은 약 11만 톤 정도 된다고 한다.

사용처는, 장신구 68%, 금화 20%, 전자 항공이나 첨단 산업, 그리고 치과 의료 12%로 되어 있다.

'노다지'라고 하는 말이 금광에서 나왔다. 서양 사람들은 우리나라에 와서도 금을 많이 캐갔다. 그런데 금을 캐는 광산에서 우리나라 사람들이 금을 만지니까 놀래서 "노 터치! 노 터치! (No Touch! 만지지 마, 건드리면 안 돼!)"라고 말했는데, 그 "노 터치"가 "노다지"가 되었다고 한다.

185. 《파스칼(Blaise Pascal)》

12세에 기하학의 원리를 증명하고, 16세에 원추곡선론을 쓰고,

19세에 계산기를 발명하고, 23세에 고대 자연과학의 큰 오류의 하나를 타파하고, 그 이후에 과학 전체를 연구하여 그 허망함을 느끼고 기독교로 전향하여, 39세에 죽을 때까지 하나님과 인간에 대한 사상을 종이에 써 놓은 인물, 그는 바로 유명한 철학자 파스칼이다.

이 천재 앞에 전 유럽은 경탄하였고, 당시의 공주와 왕자들마저도 파스칼과 악수하는 것이 가십거리가 될 정도로 그 명성은 대단하였다.

그런 파스칼이 어느 날 사교 파티에 참석했다가 만취 상태에서 마차를 몰고 귀가하던 중 바퀴 하나가 센강 다리에 부딪히게 된다. 간신히 목숨을 건진 파스칼은 그 순간에 큰 충격을 받고 유유히 흐르는 센강물을 바라보며 '죽음과 영원'을 생각하기에 이르렀다.

'도대체 죽음이란 무엇인가? 죽음 앞에서 너의 천재, 명성, 젊음이 무슨 소용이 있는가?'

그는 마침내 인간의 실존과 영원에 대한 생각으로 신음하고 고민하기 시작했다. 그가 이 세상에서 진귀한 보물로 여겼던 자기 자신과 여자들과 술과 쾌락과 명성들이 도대체 무엇들인가? 인간은 영원 속의 한순간인 이 세상을 살다가 어디로 가는 것인가? 영원한 허무 속인가? 아니면 신의 영원한 진노 속인가?

키르케고르는 7만㎞나 깊은 망망한 대해에 혼자 떠 있는 것 같은 불안감을 느꼈다고 하는데, 당시 파스칼이 그런 불안의 늪을 걷고 있었다. 그는 점점 신음하고 고통받으며 수척해지기 시작했다.

그렇게 인생을 방황하던 그는 마침내 예수 그리스도를 뜨겁게 체험하게 되었다. 그는 결정적인 회심의 은총을 받게 되었다. 그리고 그의 인생에 새로운 대변화가 일어나기 시작했다. 그에게 없어서는 안 된다고 귀중히 여기던 쾌락, 사치, 명예심을 버리고 가품(佳品)들과 말을 팔고 은장식과 장식품을 모두 처분해 버렸다. 식사 때에는 나무젓가락과 질그릇을 사용하고 손수 설거지를 하였다.

새벽 일찍이 일어나 몇 시간씩 기도하고 때로는 단식과 금식과 철야 기도까지 하기에 이르렀다. 그는 그 짧은 나머지 인생을 철저하게 하나님께 봉사하고 그가 받은 재능을 학문의 허영을 위해 쓰지 않고 당시의 이단 사상과 투쟁하며 신앙을 변호하는 일에 사용했다.

파스칼은 자신의 허약체질에도 상관치 않고 과도한 연구, 금욕, 고행으로 인하여 항상 질병에 괴로워하였다. 두통, 복통, 두 다리의 마비 상태로 인생의 심연을 맛보게 되었다. 파스칼은 이렇게 살았다.

그는 자신의 질병을 하나님이 주신 은총으로, 세상을 떼어놓는 섭리의 은총으로, 그리고 주님을 만나기 위해 준비케 하는 전령사로 감사하게 감수했다.

1662년 8월, 그의 나이 38세에 임종이 다가오자 "오, 주여! 저를 아주 버리지 마옵소서!" 하고 소천했다.

실존 철학의 선구자로 지목되기도 한 그는 대표작인 『광세』를 남겼다. 그는 이 세상에 오직 세 가지 종류의 인간이 있을 뿐이라고 하였다. 이미 하나님을 찾고 섬기는 행복한 사람이 있고, 아직 하나님을 찾지 못했지만 하나님 만나기를 소원하는 도리에 맞는 사람이 있으며, 하나님을 찾지도 않고 찾으려고도 하지 않는 어리석고 불행한 사람이 있다고 하였다.

그는 자신을 위하여 보물을 땅에 쌓지 않았던 사람이었다. 이 세상은 결코 보물들을 보관할 수 없는 불안의 장소임을 깨달았던 것이다. 사람에게는 영원을 사모하는 마음이 있다.(전도서 3:11) 영원을 사모하는 마음의 소유자는 보물을 하늘에 쌓는 생활을 한다.

186.《사해사본》

1947년 2월에 사해 서쪽 14㎞ 지점에 있는 쿰란 마을에서 보물이 발견되었다. 어느 날 이스라엘의 베두인이라는 유목민 중에 한 소년이 잃어버린 자기의 양을 찾기 위하여 절벽에 위치한 자연 동굴에 들어갔다. 무서우니까 깊이 들어가지 못하고 돌을 던졌다.

이 돌은 동굴 속으로 날아가 "쨍그랑" 하는 소리를 내었다. 신기하게 생각한 그는 그 동굴에 들어가 보았다. 그런데 그 속에는 열 개의 항아리가 있었다. 아홉 개 항아리에는 아무것도 없었다. 그런데 마지막 열 번째 항아리에서 양피지에 글이 쓰인 두루마리들이 있었다.

　실망한 소년은 두루마리를 가져와 자기 집에 매달아 놓고 무엇에 쓸까 궁리를 했다. 그는 가죽으로 신발 끈을 만들면 좋겠다고 생각했다. 그러나 어쩐지 신발 끈으로는 적합하지 않은 것 같아 한 2년쯤 그냥 방치해 두었다. 이것이 유명한「사해문서」의 첫 발견이었다. 그 사해문서는 기원전 2세기경에 복사된 성경 사본으로, 이사야서 시편 등이 들어 있는 획기적인 성경의 연구 사료다.

　그 후 고고학자들은 이 근방의 자연동굴 2백 개 이상을 파헤쳐 그중 11개의 동굴에서 옛 성경 사본들을 발견했다. 모두가 높이 65㎝ 정도의 질그릇 뚝배기 속에 들어 있었다. 처음 발견한 목동 소년은 고물상에서 두루마리 한 개에 약 3만 원씩 받고 횡재를 한 줄 알았는데, 후일 예루살렘의 히브리 대학교는 고물상으로부터 3억을 주고 사들인 보물이었다. 값싼 질그릇 항아리 속에 보물이 들어 있었던 것이다.

187. 《초대교회의 보물》

　초기 기독교 박해자였던 로마의 데시안 황제가 있었다. 그는 교회를 부수고 들어왔다. 교회 안에는 교인들이 바친 많은 보물이 있을 것으로 생각했기 때문에 보물을 약탈하러 들어온 것이다. 황제의 사령관은 그 교회 집사인 라우렌티우스에게 교회 안에 있는 보물을 당장 내어놓으라고 호통을 쳤다.

그때 그는 교회 안에 있는 방문을 다 열어 거기에 있던 과부와 고아와 불쌍한 사람들, 앓는 사람, 근심에 싸인 사람, 의지할 곳 없는 사람들을 보여 주면서 "이 사람들이 교회의 보물이요."라고 했다.

초기 교회는 모든 물질을 그리스도의 사랑 전달의 수단으로 사용했다는 사실에 대한 입증이었다.

복의 근원

188.《멧돼지 인생》

멧돼지 한 마리가 가을에 나무 밑 낙엽 틈바구니에서 도토리를 찾아 먹었다. 그 도토리가 땅에서 솟아나는 줄 알고 주둥이로 땅을 파기 시작했는데 아무리 파도 도토리가 나오지는 않았다. 그런데 그 나무가 쓰러지고 그 멧돼지도 쓰러지는 나무에 깔려서 죽고 말았다. 모든 좋은 것은 위로부터 즉 하늘로부터 오는 것이다. 그러나 이 땅에는 멧돼지 인생이 많다.

복수

189. 《사면장》

미국에서 있었던 실화다. 어떤 형제가 있었다. 형은 공부도 오랫
동안하고, 정부 기관에 들어가서 일도 열심히 해서 국가에 공을
세운 사람이었다. 그래서 유명인사가 되었다.

그런데 동생은 성격이 사납고 포악해서 만나는 사람마다 싸우
고, 급기야는 친구와 싸우다가 친구를 죽여서 감옥에 가고, 사형선
고를 받게 되었다.

형은 동생의 사형선고 소식을 듣고 고민이 되었다. 형으로서 처
형될 날을 기다리고 있는 동생을 위해 마지막으로 할 것이 무엇인
가 생각하다가 그를 살려야겠다고 하고, 주지사를 찾아갔다.

주지사는 유명인사가 된 그 형을 보고 "무엇을 도와드릴까요?"
하고 물어보았지만, 도리어 형이 "동생이 사형만은 면하게 사면장
을 좀 써 달라." 하고 간청했다.

주지사는 형의 간청을 받아들여서 사면장을 써 주었다. 형이 기
쁜 마음으로 사면장을 들고 동생에게 달려가서 면회를 신청했다.

마음을 강하게 하는 이백열세 가지 이야기

그리고 동생에게 물어보았다.

"만약 내가 사면장을 가져와서, 네가 사면되어 감옥에서 나가게 되다면 앞으로 무엇을 하겠느냐?"

그랬더니 동생은 다음과 같이 말했다.

"제일 먼저 나를 잡아넣은 형사에게 복수하겠어. 그 형사를 그냥 두지 않고 당장 죽이겠어. 그리고 나를 재판한 재판장을 죽여 버리고, 내게 불리한 증언을 한 증인들을 모조리 다 없애 버리겠어."

동생의 말을 들은 형은 눈물을 흘리며, '네가 감옥에서 나간다면 더 큰 죄를 지을 것'이라며 사면장을 찢어버리고 돌아서서 나와버렸다고 한다.

복음

190. 《복음의 역사성》

역사적으로 보면 하나님 말씀에 순종하여 전도한 나라들이 모두 뛰어난 민족이 되었다. 인류 역사에 하나님께서 복음을 전하라고 맡겨 주신 나라가 크게 세 나라다.

① 로마- AD. 4세기부터 로마는 복음전파의 사명을 받아서 온 세계를 다 지배했으니까 지배하는 곳곳마다 교회를 세우고 교회를 부흥시켜서 그 나라가 100% 하나님을 믿도록 만들었다. 가는 곳마다 기독교 국가를 만들었다. 로마는 적어도 1,000년 동안 축복을 받았다.

② 영국- 로마가 전했던 복을 영국이 받아들여서 영국이 복음을 전하기 시작했다. 우리나라에 토마스 선교사가 1886년에 오셨는데 토마스 선교사를 누가 보냈느냐 하면 영국이다.

세계의 선교를 영국이 맡아서 적어도 500년 이상 영국이 열심히 선교를 감당했다. 선교를 감당할 때 선교를 감당하는 개인이나 가정국가나 하나님이 복을 내려 주신다. 선교하도록 높여도 주시고,

마음을 강하게 하는 이백열세 가지 이야기

선교하도록 물질도 주시고, 선교하도록 정치도 안정되게 경제도 안정되게 하여 주신다. 선교하면 문화가 발달한다. 선교하는 시민이 세계에 가장 존경받는 시민이 되었다.

③ 미국- 이 복음이 미국으로 건너가면서 17세기에 와서 미국 땅에 복음이 들어가면서 미국이 경제적으로 정치적으로 안정이 되면서 영국의 선교를 이어받았다. 우리나라에 1884년 알렌, 언더우드, 아펜셀러 선교사가 다 미국으로부터 온 선교사다.

191. 《라이언 화이트》

라이언 화이트라고 하는 소년은 열세 살 때 혈우병을 앓아서 수술을 받게 되는데 그것이 문제였다. 수술에서 수혈이 잘못되어서 이 소년이 후천성 면역 결핍증이라고 하는 '에이즈(AIDS)'라는 병에 걸렸다. 그는 속수무책으로 이 병원에서 잘못한 이 사건으로 인해서 그대로 죽음을 기다려야 했다. 그러나 이 아이는 자신이 죽는다는 것을 알고 있으면서 아무도 원망하지 않았다. 부모도 형제도 가정도 특별히 의사 선생님들을 원망하지 않았다. 항상 밝은 웃음을 보였고, 모두에게 친절하게 했다. 오히려 염려하는 부모를 위로하며 날마다 기쁘게 행복하게 지냈다. 이러한 사실이 방송 매체를 통하여 많은 사람의 마음을 감동하게 했고 많은 사람이 이 어린이를 위해서 기도하게 되었다. 유명 인사들이 앞을 다투어서 이 어린 아이를 찾아 방문했다. 그리고 병문안을 드렸다. 당시에 대통령이었던 레이건도 친히 이 어린 소년을 찾아 방문했고, 당시의 유명한 팝 가수인 마이클 잭슨까지도 이 어린 소년을 방문해서 위로했다. 소년은 5년을 더 살다가 18세에 죽었다.

그가 마지막으로 아버지와 나눈 대화가 기독교 잡지에 실려서 더욱더 많은 사람의 마음을 감동하게 했다. 아버지는 죽어 가는 아들에게 말했다.

"아들아, 미안하다. 나는 아무것도 너에게 해줄 것이 없구나."

그러자 아들이 말했다.

"아닙니다. 전 지금 많은 선물을 받았습니다. 많은 선물을 받고 살았지만 아무도 아빠가 제게 준 선물 같은 선물을 준 사람은 없습니다. 아빠는 내게 천국 열쇠를 주었습니다. 복음을 통하여 예수님을 소개해 주었고, 교회에 나아가 예수를 믿게 해 주었고, 말씀을 통하여 영생을 얻도록 해주었습니다. 이보다 위대한 선물은 다시 없으니까요."

192. 《개망나니 김익두》

한국 교회 부흥사 가운데 김익두 목사가 있었다.

옛날에는 법보다 주먹이 더 가깝던 시절에, 김 목사는 황해도 안 악이란 곳에서 태어나 젊었을 때는 예수님도 믿지 않고, 시골 장날 이 돌아오면 술을 먹고 아무런 잘못도 없는 사람들을 붙잡고 돈을 뜯어내고 때리고 폭력을 일삼은 깡패였다. 그 당시 순경까지도 '김 익두' 하면 혀를 내두를 정도로 싫어하는 사람, 문제의 인물이었다.

당시 안악 사람들이 장날 장에 가노라면 성황당을 지나면서 김 익두를 만나지 않게 해 달라고 빌고 갈 정도였다는 것이다. 그는 날마다 노름판과 싸움판을 주름잡았다.

얼마나 못되어 먹었는지 사람들이 김익두가 무서워서 그 앞에서 굽실거리며 인사를 한다. 그러면 "이 새끼야. 언제부터 날 안다고 굽실거리느냐?" 하고 때리면서, "술 사내라."라고 했고, 인사를 하지 않고 슬금슬금 피하면 "이리 와봐, 내가 사람 같이 안 보여서 피하 느냐?"라고 쥐어박으며 "술 사내라."라고 행패하였다. 얼굴이 반반 한 여자를 만나면 처녀고 가정주부고 불문하고 희롱했다. 음식점 에서는 으레 외상이요, 가게에서 물건을 들고나오면서 "외상이요!" 라고 해도 아무 소리를 못 했다.

그러나 김익두는 당시 소안론 선교사에게 전도를 받고 설교 말 씀을 듣는 중에 그의 마음이 변화되어 하나님의 말씀에 굴복하고 엎드려 회개하고 예수님을 믿게 되었다. 그래서 세례를 받고 전도 인이 되고 신학교에 들어가 공부하여 평양 신학교 제3회 졸업생이 되고 목사가 되어 장로회 제9회 총회장이 되기도 했다. 그는 주님의 권능을 힘입어서 수많은 신유의 기적과 760여 회의 부흥회를 인도하여 28만 명에게 전도를 하고, 150개 교회를 세웠다. 안악산 골의 깡패 김익두가 하나님께 엎드려 회개하고 새사람으로 변화되었다. 그는 부흥사로써 가는 곳마다 부흥회를 인도했다.

한번은 김익두 목사가 부흥회를 인도하기 위해 여름철에 보따리를 걸머지고, 산을 넘고 있었다. 너무 더워서 정상에 올라 바람을 좀 쐬고 가야겠다고 생각하고, 참고 올라가서 아무도 보는 사람 없기에 웃통을 다 벗어젖히고 불어오는 바람을 쐬고 앉아 있었다. 그런데 술 취한 친구 하나가 비틀거리며 올라오더니 "너 왜 나보다 먼저 올라왔냐?" 하고는 막 두들겨 팼다. 김익두는 그냥 맞고만 있었다. 김익두를 때리던 사람은 한참을 때리는데도 김익두가 아무 대항하지 않으니까 참 이상한 생각이 들었다. 그 사람이 때리다가 숨을 몰아쉬고 씩씩거리고 있었다.

그때 김익두가 말했다. "형님 다 때렸소?" 그러고는 악수를 청했다. 그러면서 "예수는 내가 믿고, 복은 자네가 받았네."라고 말했다.

무슨 말인지 못 알아들으니까 "내가 김익두야!"라고 자기의 신분을 밝히자, 그 사람은 얼굴이 노래지면서 '아이코, 이제 나는 죽었구나'하며 벌벌 떨었다.

"내가 뭐라고 하던가? 예수 믿기 전에 이런 일을 당했으면, 자네는 여기서 장례식까지 끝났어. 그런데 내가 예수 믿은 덕에 자네가 살았지 않았느냐. 그러니 예수는 내가 믿고 복은 자네가 받았지."

"그러면 저는 어떡하면 좋을까요?"

"뭘 어떡해? 따라와."

그리고 그를 데리고 부흥회 참석시켜서, 예수님을 믿게 하고, 후에 그는 장로가 됐다고 한다.

193. 《식인종의 변화》

캐나다의 존 케디라는 선교사는 식인종이 사는 작은 섬으로 복음을 들고 나갔다. 그는 그리스도의 사랑으로 그들을 돌보고 언어를 습득하여 성경을 번역하고 교육을 했다.

25년 후 그가 죽었을 때 그의 기념비에는 이렇게 씌어 있었다.

"1848년에 그가 이곳에 처음 상륙하였을 때에는 이곳에 그리스도인이 한 명도 없었다. 그러나 그가 세상을 떠난 1872년에는 여기에 식인종이 한 명도 없다."

그는 섬에 사는 식인종 모두를 그리스도인이 되게 한 것이다. 복음은 이렇게 사람을 변화시키는 능력이 있다.

194. 《우리가 이겼다》

주전 490년에 그리스와 페르시아 사이에 전쟁이 벌어졌다. 당시 페르시아는 세계 최강대국이었다. 전쟁에 동원된 페르시아 군대는 보병 10만에 기갑 1만이었는데 그리스 군대는 고작해야 기갑 1만 명뿐이었다. 도저히 이길 수 있는 싸움이 아니었다.

전쟁이 벌어진 곳이 마라톤 평야였는데, 젊은 사람들은 죄다 전쟁터에 나갔다. 남아 있는 사람들은 노인과 여자, 어린아이뿐이었다.

그들은 자나 깨나 전쟁터에서 오는 소식만 기다릴 것은 뻔한 이치였다. 자기네가 이기면 다행이지만 만일 진다면 자기들은 전부 포로로 끌려가야 했다. 이제나저제나 소식을 전하는 사람이 오기만을 기다리는데, 어느 날 멀리서 뛰어오는 사람이 보였다.

그 사람은 필리피데스인데, 그의 입에서 어떤 소식이 나오느냐에 따라서 자기들의 운명이 결정되는 순간이었다. 드디어 필리피데스가 가쁜 숨을 몰아쉬면서 외쳤다.

"우리가 이겼다! 우리가 이겼다!"

그 한 마디에 그 성은 완전히 기쁨과 감격으로 가득 찼다. 자기들이 들을 수 있는 소식 중에 가장 반가운 소식을 들은 것이기 때문이었다.

이처럼 복음은 기쁜 소식이다. 사망에서 생명을 얻기 때문이다. "하나님이 세상을 이처럼 사랑하사 독생자를 주셨으니 이는 누구든지 저를 믿는 자마다 멸망치 않고 영생을 얻게 하려 하심이라"

(요3:16)

195. 《호세 카레라스(Jose Carreras)》

세계적인 성악가 호세 카레라스가 있다. 전 세계를 통틀어 가장 위대한 음악인이라고 칭송을 받던 그가 41세의 젊은 나이에 백혈병으로 쓰러졌다. 오페라 〈라보엠〉의 주인공을 맡아 열정을 다하여 연습하던 중 갑자기 쓰러져 병원에 갔는데 백혈병이라는 죽음의 선고를 받았다. 그러나 호세 카레라스는 절망하며 포기하지 않았다. 그에게는 복음의 능력이 있었다. 십자가의 도를 붙잡았다. 극한 상황에서 하나님의 손길을 붙들었다. 하나님께 기도하기 시작했다.

"나의 생명을 연장해 주시면, 남은 평생 주를 위해 충성하겠다." 라는 기도를 드렸다. 그는 골수 이식 수술과 힘든 항암치료를 받았다. 머리카락은 빠지고 손톱과 발톱도 떨어져 나갔다. 그러나 그는 찬송과 기도를 멈추지 않았다. 하나님은 그의 기도를 들어 주었다.

이제 그의 삶은 자신의 것이 아니었다. 기적같이 새 생명을 얻은 그는 새로운 사명을 발견하였다. 자신을 다시 살려주신 하나님의 뜻을 깨달았다. 그는 전 재산을 팔아 바르셀로나에 '호세 카레라스 백혈병 재단'을 세웠다. 그의 공연 수익금은 모두 이곳으로 보내졌다.

그는 고백했다. "때로는 질병도 은혜가 될 때가 있다. 나는 백혈병과의 싸움을 통해서 나보다 남을 아는 사람이 되었다. 이제 나는 단순히 노래만 부르는 것이 아니라 하나님을 증거하고, 절망에 빠진 사람에게 소망을 주는 인생을 살기를 원한다."

십자가의 복음은 변화의 능력이다. 이 복음이 증거될 때 사람이 변하고 세상이 변하고 가정이 변하는 것이다.

196.《회심》

어떤 사람은 오랜 방황 끝에 믿음의 마음이 생기고, 어떤 사람은 실패와 좌절의 마지막에 믿음의 마음이 생기고, 어떤 사람은 모든 것을 잃은 다음에 믿음의 마음이 생기고, 또 어떤 사람은 죽을병에 걸린 다음에 믿음을 발견하기도 한다. 성 어거스틴이 그러했고, 마틴 루터가 그러했고, 요한 웨슬레가 그러했다.

또한 성경 말씀의 한 구절이 사로잡을 때 그 말씀으로 인하여 삶 전체가 변하는 회심을 경험할 수도 있다. 어거스틴은 로마서 13:13의 말씀으로 그의 삶의 일대 전환점을 이루었고, 마틴 루터는 로마서 1:17의 말씀으로 자신 믿음의 변화와 종교개혁의 큰 틀을 마련하였고, 요한 웨슬레는 마틴 루터의 로마서 주석 서문을 듣는 가운데 마음이 뜨거워지고 감리교의 창시자가 되었다.

197.《기독교 국가들》

전 세계 모든 나라 중에 잘 사는 나라들은 거의 다 기독교 국가들이다. 해적의 나라 영국에 복음이 들어가니 신사의 나라가 되었다. 청교도 신앙으로 개척한 미국은 세계의 강력한 영향을 주는 나라가 되었다. 호주는 영국에서 중형자, 무기징역수, 사형수들을 실어다가 버린 곳이라고 한다. 그런데 그런 곳에 선교사가 들어가서 복음을 전해서 예수를 믿고 주일을 잘 지키니까 호주가 오늘날과 같이 큰 축복을 받은 나라가 되었다. 덴마크는 처음에는 절망의 땅이요, 국가 은행이 부도가 나서 돈이 전부 휴지가 되어버리고 아무짝에도 쓸모가 없어져서 거지 나라가 되어버렸다. 그런데 그 나라에 그룬뜨비 목사님과 같은 분이 신앙의 부흥을 일으킴으로써 그 백성들이 하나님을 잘 섬기고 주일을 지키는 나라가 되자 그 나라는 복 받은 국가가 되었다. 그 나라에는 초등학교 때부터 대학 졸업하고 박사학위 받을 때까지 장학금으로 전 국민이 모두 공부할 수 있고 어떤 병이 들어도 십 원 하나 안 들이고 다 고칠 수 있는 그런 복 받는 나라가 되었다.

198. 《전쟁터의 어린 소녀》

1975년도 베트남 전쟁 때 한 여자 어린아이가 발가벗은 채 포탄을 피해 울며 달려가는 모습이 전 세계 신문에 실린 적이 있었다.

이 사진은 그 후 한 해 동안 최고의 사진으로 인정받았고, 그 사진을 찍은 종군기자는 최고의 기자에게 주는 퓰리처상을 받았다. 이 사진의 주인공인 여자 어린이는 킴 픽이라는 사람인데 그 후 19번이나 수술을 받고 기적적으로 살아났다.

그녀는 전쟁의 상처와 전쟁으로 부모님을 잃고 받은 상처, 그리고 오랜 병으로 인한 투병으로 마음은 저주와 미움으로 가득하여 정상적인 삶을 살 수 없게 되었다.

그렇게 세상을 원망하고, 정치 지도자들을 원망하고, 전쟁의 상처를 한탄하다가 비참하게 죽어갈 운명이었다. 그런데 어느 날 그녀에게 한 전도자가 2년여에 걸쳐서 복음을 전하고 사랑을 전하고 하나님의 사랑을 전하여서 드디어 마음을 열고 예수님을 영접하였고, 삶이 바뀌었다. 미움의 마음이 사랑의 마음으로 바뀌고 그리스도의 사랑을 느끼고 전하는 사람으로 변화되었다. 기적이 일어났다. 몸이 병들어 결혼할 수 없는 삶이었는데, 사랑하는 사람을 만나게 되고 기적적으로 자녀도 낳는 축복을 하나님께서 주셨다. 그 이후로 그녀는 예수 그리스도를 전하는 전도자가 되어 다른 사람들에게 구원과 복음을 전하는 복된 삶으로 바뀌었다.

199. 《조지 윌슨》

1892년 미국에 조지 윌슨이라는 한 남자가 우체국에서 강도 행각을 벌이다가 강도와 살인죄로 체포되었다. 그는 재판에 회부되어 유죄가 입증되고, 결국은 교수형이 언도되었다. 그러자 주위 친구들이 그를 위해 탄원에 나섰고, 다행히 앤드류 잭슨 대통령으로부터 사면장을 얻어낼 수 있었다.

하지만 자신이 사면됐다는 소식을 접한 윌슨은 죽겠다고 고집하면서 사면을 거부했다. 그러자 담당 보안관은 심각한 딜레마에 빠지고 말았다. 공식적으로 사면을 받았는데, 본인이 원한다고 처형할 수도 없는 노릇이었다. 그래서 이 사건을 어떻게 처리해야 할지, 다시 잭슨 대통령에게 보고했다. 당혹스럽기는 대통령도 마찬가지여서, 이 사건을 다시 미연방대법원으로 넘겼다. 그러자 대법원장 존 마샬은 다음과 같이 최종판결을 내렸다.

"사면은 한 장의 종이일 뿐이며, 그 종이의 가치는 전적으로 관계된 사람의 수락 여부에 달려 있다. 사형 선고를 받은 자가 사면을 거절하는 것은 전례가 드물지만, 거절했다면 그것은 결코 사면이 아니다."

그래서 조지 윌슨은 교수대에서 처형되었으며, 그에게 주어진 사면장은 아무런 효력을 발휘할 수 없었다. 복음도 받아들이지 않는 자에게는 효력이 없다.

200.《평양 깡패 이기풍》

1939년 평양 숭실전문학교 강당에서 마펫(1864~1939년) 목사 선교 40주년 기념식이 열렸다. 한국교회 초기선교에 있어 등불이었던 마펫 목사는 감회어린 표정으로 이런 답사를 했다.

"제 턱에는 깊은 상처가 있습니다. 어느 날 저녁 예배인도차 교회에 가는데 돌멩이가 마구 날라와 제 턱을 쳐 큰 상처를 낸 것입니다. 평양 깡패들의 소행이었는데 바로 그 깡패 중엔 지금 저쪽에 앉아있는 이기풍 목사도 있었습니다. 그가 회개하고 목사까지 되었으니 나는 상처가 났어도 기쁩니다."

부지런함

201. 《아름다운 손》

어느 날 천사가 귀한 보물을 가지고 지상에 내려와 아름다운 손을 가진 자에게 주겠다고 했다. 그러자 아름다운 손을 가진 자들이 천사에게 몰려와 자신들의 손을 내밀고 "제 손을 보세요. 항상 이렇게 부드럽답니다.", "제 손은 늘 깨끗하고 향기가 납니다.", "제 손은 이렇게 예쁩니다."라고 했다.

그런데 한 여인이 다른 사람의 손만 쳐다보고 자기의 손은 감추고 있었다. 천사가 여인에게 그 이유를 물었다. "제 손은 매일매일 일하는 손이어서 거칠어요. 가난한 사람들을 위해 음식을 만들어야 하기에 손에 물이 마를 날이 없어요."

천사가 말했다. "세상에서 가장 아름다운 손은 부지런히 일하며 이웃을 위해 봉사하는 손입니다. 게으른 사람은 매사에 제대로 하는 것이 없을 뿐만 아니라 신앙생활도 바로 하지 못합니다. 게을러서 말씀을 보지도 않고 기도도 아니 하며 전도도 못 하고 이웃을 향하여 사랑도 펼치지 못합니다."

마음을 강하게 하는 이백열세 가지 이야기

하나님께서는 열심히 일하는 근면한 자를 사랑하신다. 기독교인들은 부지런한 손을 통하여 주님의 일을 해야 한다.

부활

202. 《3천 년 된 씨앗》

새리엄 제닝스 브라이언이라는 사람이 이집트를 여행하다가 3,000년 된 미라 속에서 말라빠진 밀 씨앗을 발견하고 한 움큼 쥐어다가 집에 심었다. 그랬더니 약 한 달이 지나서 싹이 나고 잎이 나서 그 이듬해 다른 밀 종자와 같이 수확을 했다. 그 후부터 브라이언은 방방곡곡에 다니면서 "3,000년 묵은 밀 알갱이에서 새 생명을 솟아나게 하신 하나님이 만물의 영장인 인간을 죽음에서 부활시킬 수 없겠느냐?"라고 하면서 전도했다고 한다.

203. 《달리다굼》

예수님은 세상에 계실 때 회당장 야이로의 죽은 딸을 향하여 "달리다굼!"이라고 하셨다. 곧 "소녀야, 내가 네게 말하노니 일어나라!"라는 뜻이다. 그리하여 죽었던 그 소녀는 곧 일어나서 걸었고 말을 했고 음식을 먹었다.

예수님은 관에 담겨 장사 지내러 가던 나인성 과부의 아들에게 다시 살아날 것을 명했다. "청년아, 내가 네게 말하노니 일어나라."라고 명하셨다. 그러자 그 청년은 관속에서 벌떡 일어났다.

예수님은 죽은 지 나흘이나 되어 썩은 냄새가 나는 나사로의 무덤에 가서 죽어 있는 나사로에게 살아날 것을 명하였다. 큰 소리로 "나사로야 나오라!"라고 명령했다. 그러자 나사로는 무덤 속에서 벌떡 일어났다.

사망을 이기신 예수님은 영원한 생명의 주인이시다. 사람들은 죽음을 두려워한다. 병이 오거나 문제가 오면 죽음 앞에서 벌벌 떤다. 그리스도를 믿는 자들은 하나님의 자녀가 됨으로써 죽음의 권세를 완전히 이길 수 있다. 예수님께서 사망의 권세를 완전히 깨뜨리셨기 때문이다.

204. 《무덤을 남긴 사람들》

세상 사람들은 흔히 무덤의 크기로 생전의 권세와 위용을 자랑한다. 피라미드가 그렇고, 중국 진시황릉은 작은 산만 하다. 무덤 봉분 아래에서 꼭대기까지 계단을 오르는 데만 15분이 걸린다고 한다.

중국 베이징 천안문 광장에 모택동의 무덤이 있다. 썩지 않게 방부제로 처리하고 항상 무덤 안을 섭씨 16도로 유지하여 지금도 죽을 때 모습 그대로 누워 있다고 한다.

러시아 수도인 모스크바의 붉은 광장에는 레닌의 묘가 있다. 이미 80여 년 전에 죽은 그의 시신이 썩지 않도록 잘 처리했기 때문에 지금도 잘 보존되어 있어서 많은 사람이 그곳에 가서 참배한다고 한다.

북한 김일성은 평양의 금수산에, 레닌처럼 미라가 되어 누워 있다.

205. 《부활하신 예수》

제자들이 두려워 떨고 있을 때 부활하신 주님께서 나타나셔서 "너희에게 평강이 있을지어다. 어찌하여 두려워하며 의심하느냐 내 손과 발을 만져보라 영은 살과 뼈가 없으되 너희 보는 바와 같이 나는 있느니라." 하시면서 그들 앞에서 구운 생선 한 토막을 잡수시면서 부활하신 주님임을 재확인 시켜 주셨다.

그 후로도 주님께서는 승천하시기까지 40일 동안 세상에 계시면서 여러 차례 제자들과 따르던 무리에게 나타나셨다.

① 예수님의 시신에 향유를 발라 주기 위해서 무덤을 찾아간 막달라 마리아에게 나타나 보이셨다.(요20:14)

② 예수님이 부활하시고 무덤이 비어 있다는 천사의 소식을 제자들에게 전하러 가는 여인들에게 나타나셨다.(마28:9)

③ 베드로에게 나타나셨다.(고전15:5)

④ 열두 제자들에게 나타나 보이셨다.

⑤ 오백여 형제에게 일시에 나타나 보이셨다.

⑥ 엠마오 도상의 두 제자에게 나타나 보이셨다.(눅24:15)

⑦ 도마가 빠진 11 제자에게 보이셨다.(요20:19)

⑧ 11 제자와 도마가 함께 있을 때 나타나 보이셨다.(요20:26)

⑨ 11 제자와 엠마오로 가던 두 제자와 다른 사람들이 함께 있는 자리에 예수님이 나타나셨다.(눅24:36)

206.《시쳇더미 속에서》

로우리 목사는 미국 남북 전쟁 시 전쟁에 나가 싸우다 크게 다치자 죽은 줄 알고 시체 무덤 속에 던져졌다. 시체 속에 던져질 때 물컹함을 느꼈는데 그 시체들 속에서 의식이 점점 가물가물해질 때 어떤 음성이 들려왔다.

"로우리야 일어나라, 내가 사망의 무덤에서 살아났느니라."

그 소리에 정신을 차리고 힘을 얻어 다친 몸을 이끌고 무사히 귀환했다. 집에 와서 생각할수록 감회가 컸다. 지난날 생각하면 엄청난 은혜임을 알게 되었다. 그래서 그는 그때를 상기하면서 글을 썼다.

'무덤에 머물러 예수 내 구주 새벽 기다렸네. 예수 내 주. 원수를 다 이기고 무덤에서 살아나셨네. 어두움을 이기시고 나와서 성도 함께 길이 다스리시네. 사셨네 사셨네 예수 다시 사셨네.'

207.《평안한 임종의 비결》

엘리자베스 퀴버 워스라는 사람이 죽음을 앞둔 사람들의 병동을 살피고 있었다. 많은 사람이 죽음 앞에서 두려워 떨고 있었다. 그런데 이상하게도 한 흑인 간호사가 그들의 귀에 대고 뭐라고 말을 하고 나면 모두 얼굴이 환해지고 기쁨을 가지게 되는 것을 보았다. 그리고 죽을 때도 너무나 평안하게 임종을 맞게 되더라는 것이다. 그는 궁금했다. 그래서 그 간호사에게 물었다.

"당신이 죽음 앞에서 두려움에 떨고 있는 저 환자들에게 무슨 말을 했기에 저들이 저렇게 웃으면서 기쁘게 임종을 맞이할 수가 있는 것입니까?"

그때 그 흑인 간호사의 대답은 다음과 같았다.

"나의 좋으신 예수님은 당신의 부활을 약속하셨습니다."

마음을 강하게 하는 이백열세 가지 이야기

208. 《매몰된 광부 164명》

영국의 덜햄에 있던 탄광에서 갱이 무너졌다. 164명이 생매장당하는 사고가 발생하였다. 어둠 속에서 시체가 발굴되었는데 발굴 현장에서 큰 쪽지가 발견됐다. 그 쪽지에는 다음과 같은 글들이 쓰여 있었다.

"주님은 우리와 함께하십니다. 우리는 갈 준비가 되어 있습니다. 주여 우리를 축복 하소서. 우리는 대단히 유쾌한 기도회를 했습니다. 우리는 모두 영원한 영광을 위하여 준비되었습니다. 화요일 오후 2시."

그들은 산소 부족으로 죽는다는 것을 알고 함께 모여 기도회를 하고 이 글을 쓴 것이다. 그리고 그들은 영생을 믿고 기쁨으로 죽어갔던 것이다.

209. 《진과 체이니 부부》

1990년 해빙기에 시에라 국립 공원에서 큰 비극이 발견되었다. 1990년 3월 1일, 진과 켄 체이니 부부가 눈보라 속에 차를 몰고 가다가 거대한 눈더미 안에 갇히게 되었다. 눈보라가 사정없이 휘몰아치는 가운데 이 68세의 할머니와 75세의 할아버지는 차 안에 꼼짝 않고 기다리고 있기로 했다. 누군가가 지나갈 것을 기다리는 가운데 두 노인은 차 안에서 일기를 쓰기로 했다. 점점 더 상황이 악화하는 것을 느낀 나머지 한 일기에서 다음과 같이 적고 있다.

"우리는 겨울 동안 보수가 잘되지 않은 길 위에 있는 것을 알게 되었다. 누군가가 지나간다면 기적이 틀림없으련만…. 우리 앞에 어떤 일이 놓여있는지 알 수 없다…. 그래서 여기에서 우리의 목숨은 전적으로 하나님의 손에 달려 있게 되었다! 이보다 더 좋은 곳이 또 어디에 있단 말인가?"

그 다음 주에 두 노인은 껌 한 통과 식당에서 가져온 젤리를 먹었고 유리창에 끼인 서리를 긁어서 물 대신 마셨다. 두 부부는 그 참혹한 시간을 함께 찬송가를 부르고 기도하고 또 기억할 수 있는 모든 성경 구절들을 암송하면서 견디어 냈다. 두 노인을 구해줄 사람은 아무도 나타나지 않았다. 3월 18일, 진 할머니는 일기에서 다음과 같이 적고 있다.

"남편이 오늘 저녁 7시 30분에 하늘나라로 갔다…. 너무나 평온하게 주님 곁에 갔기 때문에 나는 그가 숨지는지조차도 몰랐다. 남편이 남긴 마지막 말은 '주님 감사합니다!'였다. 나도 곧 내 남편 곁으로 가게 될 것이다. '여보 사랑해요.'"

3월 1일에 실종되었던 체이니 부부는 5월 1일이 되어서야 산림경비원에 의하여 시신으로 발견되었다. 두 노부부는 차 안에서 서로 꼭 껴안은 채 숨져 있었다. 그들은 결코 홀로 절망 속에 죽어간 것이 아니고 믿음과 소망과 사랑 속에서 부활을 바라보며 아름답게 주님 나라로 갔던 것이다.

210.《광기 우울증》

미국 켄터키 주립 정신병원에 캐롤이라는 30대 후반의 여자가 입원했다. 이 여자의 병명은 광기 우울증이었다. 광기 우울증의 증세는 평소에는 얌전하다가 한번 발작을 시작하면 성격이 거칠어져 물건을 집어 던지기도 하고 칼을 들고 설치기도 한다. 그리고 깊은 우울증 때문에 도저히 일상적인 생활을 할 수가 없다. 그래서 그녀는 직장을 다니다가 쫓겨나고, 남편한테 이혼당하고 결국은 정신병원 장기환자로 입원했다.

절망적인 상황이었다. 누구도 그녀를 도와주려고 하지 않았고, 그녀가 언제 발작을 일으킬지 겁이 나서 옆에 가지도 않았다. 그런데 평소 다정했던 그녀의 친구 가운데 믿음이 좋은 친구가 있었다.

그 친구는 일주일에 한 번씩 찾아와 성경을 읽어주면서 "예수님의 십자가를 붙들고 의지하라. 십자가를 붙잡아야 질병과 싸워서 이길 수 있고, 우울증에서 벗어날 수 있다."라고 말하며 그녀를 붙잡고 간절히 기도해주었다. 처음에는 완강히 거부하고 반대하던 그녀도 찾아오는 사람이 그 친구밖에 없고, 일주일에 한 번씩 꼭 찾아오니까 고맙고 감격해서 그 친구가 하는 말을 조용히 들었다.

부활절이 다가오자 그 친구는 예수님께서 십자가에서 당하신 고난과 돌아가심과 부활의 사건을 얘기해 주고 성경을 읽어 주었다. "예수님께서 십자가상에서 사망 권세를 이겼으므로 너도 이길 수 있다."라고 얘기해 주었다. 부활절 아침, 그녀는 '내가 이겼으니 너도 이길 수 있다.'라고 말씀하시는 하나님의 음성을 들었다. 그녀는 그 음성을 듣고 자리에서 벌떡 일어났다. 자신감이 생기고 마음에 용기와 기쁨이 넘쳤다. 예수님만이 나를 구원할 수 있고, 예수님만이 나를 이 질병에서 고쳐 주실 수 있고, 나를 승리하게 하신다고 고백했다. 그리고 "나도 광기 우울증을 이길 수 있다."라고 계속해서 외쳤다. 그녀가 그렇게 입으로 시인할 때, 그녀의 증세는 서서히 사라지고 정상적으로 고침을 받았다.

뿌리

211. 《큰 포도송이》

　영국 햄프턴에 포도나무 한 그루가 있었다. 그 나무는 상당히 잘 성장하였음에도 불구하고 과실을 잘 맺지 못했다. 그래서 그 나무의 주인은 매우 실망하였다. 그렇게 몇 년이 지난 어느 해였다. 그 나무에서 줄기가 부러질까 걱정이 될 정도로 큰 포도송이가 열린 것이다. 깜짝 놀란 주인은 그 원인을 자세히 조사해 보았다. 그랬더니 그해에 이르러 비로소 나무뿌리가 뻗어가 템스강에 도달하여 거기서 양분을 빨아들이고 충분한 물을 공급받은 까닭이었다. 사람도 생명의 근원이 있는 곳에 뿌리를 내려야 산다.

212.《황해도 사건》

몇 년 전에 북한의 보위부 출신인 한 사람이 탈북해서 이런 이야
기를 했다. 그가 밝힌 내용 중에서 소위 말하는 '황해도 사건'이라
는 것이 있다.

황해남도 안악군의 한 지하교회에서 신앙생활을 하는 사람 86명
이 무더기로 체포당했다. 많은 사람이 공개 처형을 당하였고 나머
지는 정치범 수용소에 감금됐다.

당시 보위부에서는 남한의 목사들이 성경책을 밀반입시켜서 북
한 내부에 신앙을 전파한다는 이야기를 입수했다. 보위부에서 정
보는 입수했지만, 단서가 없었기 때문에 그 단서를 찾기 위해서 혈
안이 돼 있었다.

보위부에서 잔뼈가 굵은 여성 보위원이 다리 관절이 아파서 걸
어 다닐 수 없게 되자 자기 대신 김일성 대학을 졸업한 27살의 자
기 딸을 정보원으로 끌어들여서 이 사건을 파헤치기 시작했다.

그녀는 안악군에서 의심이 가는 지하 교인에게 다가가서 나도

예수를 믿겠다고 하면서 은밀하게 접근했다. 교인들에게 신임을 얻기 위해서 김일성 배지도 달지 않고 다녔다. 보위부원의 딸은 오랜 기간의 공을 들인 끝에 지하 교인들의 예배 장소에 들어가는 데 성공을 하게 되었다.

교인들은 어두운 지하실에서 서로 얼굴을 쳐다보지 않고 예배만 드렸다. 그리고 나는 어디에 사는 누구인데 어떻게 해서 하나님을 믿게 되었다고 한 사람 한 사람에게 자기의 신앙을 간증했다. 이 이야기를 보위부 위원은 머릿속에 담았다. 일일이 다 기억하고 있다가 86명 전원을 다 체포했다. 그 사건으로 지하교회는 무너지고 말았다.

그 처녀는 비밀정보원에서 정식 보위부 지도원으로 승격되고 최고 훈장인 노력 영웅 메달까지 받게 되었다.

지금도 북한에서는 1년에 400명 정도가 공개 처형되고 있다고 한다. 그 가운데 3분의 1 정도가 종교 때문에 공개 처형을 당하고 있다.

213.《북한 동포》

종교단체 '순교자의 목소리' 미국 지부장 토머스 화이트는 중국에서 붙잡힌 탈북민들의 손목과 코가 철사로 꿰인 채 북한으로 송

환됐다는 보고를 받았다고 말했다. 화이트 회장은 중국에는 지금도 동굴 등에서 북한인들을 위한 비밀 성경학교가 열리고 있다면서 "놀랍게도 성경학교를 마친 사람 중 일부는 희망의 메시지를 전파하기 위하여 북한으로 되돌아간다."라고 말했다.

워싱턴에 있는 국제기독교 관심의 제프 킹 회장은 이처럼 탈북민들이 강제 송환되고 있는 것은 지난 몇 달간 중국으로 넘어간 탈북민들이 국제적 관심을 불러일으켜 체면이 손상된 중국이 적극적인 단속에 나섰기 때문이라고 말했다.

북한인들이 자발적으로 돌아가든 강제 송환이든 이들을 기다리고 있는 운명은 참혹한 것이라고 이들은 입을 모았다. 이 같은 종교단체 관계자들의 증언은 현재 한국에 살면서 미 상원 청문회 증언에 나서기도 한 탈북민의 경험담을 통해 입증되었다.

한때 노동당 간부였다가 개천 정치범 수용소에 끌려간 이 탈북민은 그곳에서 주체사상을 받아들이지 않고 기독교 신앙을 지킨 5~6명의 기독교인이 수용소에 있던 제철공장에서 끓는 쇳물을 뒤집어쓰는 방식으로 차례로 처형당했다고 말했다.

그는 또 수용소에서 사망한 수감자들의 시체 수백 구가 당 간부용으로 특별재배되는 과수원에 비료 대용으로 묻혔다면서 150구의 시체가 땅에 묻힐 때 자신도 현장에 있었다고 말했다.

이 씨는 수감자들이 하도 굶주린 나머지 화장실 구멍으로 기어다니는 쥐를 잡아서 날로 먹기도 했으며 "옷에 기름때를 묻히거나

주석의 신년사를 외우지 못하는 범죄를 저지른 수감자들은 폭 60
㎝ 높이 110㎝의 특수 징벌방에서 앉지도 서지도 눕지도 못한 채
7~10일간 갇혀 지내야 했다."라고 증언했다.

징벌방에서 풀려난 수감자들은 다리가 심하게 구부러지고 겨울
철에는 동상이 걸려 평생 불구자가 됐으며 풀려나자마자 작업에
동원돼 결국 죽음을 맞이했다고 한다.